日大三高・小倉全由のセオリー

心のつながりで勝つための法則75

田尻賢誉
Masataka Tajiri

ベースボール・マガジン社

日大三高・小倉全由のセオリー

18
10
13
14

監督と選手が気持ちをひとつにして、心のつながりで戦う。それが強力打線の源にある

小倉全由のセオリー 1

カッコよさを教える

特別でないことが、特別なこと。

小倉全由監督の言動は、そんなことを教えてくれる。

知人の紹介で初めて日大三を訪れた2001年の夏の終わり。グラウンドを見て驚いた。小倉監督自身が、選手たちに交じってトンボをかけていたからだ。グラウンド整備用の車に乗って整備をする指導者は多いが、選手たちといっしょにトンボをかける人は少ない。練習が始まり、さらに驚いたのが小倉監督もいっしょにウォーミングアップをやっていたこと。トスバッティングまでいっしょにやる姿は、驚きを通り越して衝撃的ですらあった。

高校野球の監督と言えば、怖い存在。サングラス姿や態度であえてそういうオーラを出している人もいる。甲子園で優勝したとなれば、大きな顔をしてふんぞり返っているのが当たり前だ。ところが、小倉監督には偉そうなところがまったくない。選手といっしょになって汗を流し、声をかけ、笑う。その姿は、まるで野球少年。とても1週間前に日本一になったばかりの監督とは思えなかった。

監督の中には、〝マスコミ用〟に演じる人もいる。取材のときだけグラウンド整備用の車に乗り、ノックを打つ人もいる。だが、小倉監督がそうでないことはすぐにわかった。誰であれ、来客があれば笑顔で迎え、帰りには必ず玄関まで見送って頭を下げる。人によって態度が変わることはない。忙しくても嫌な顔をせず、同じように丁寧に対応する。小倉監督に会った人はみんな笑顔になり、ファンになって帰っていく。

小倉監督の周りには常に笑顔があり、いい雰囲気がある。それが選手にも伝わるから、グラウンドの雰囲気がよくなり、選手たちの表情もよくなる。監督の人間性が、そのままグラウンドにも表れている。まさに、監督は鏡。小倉監督の人間性こそ、日大三の強さなのだと実感させられた。

「監督が明るかったらチームは明るくなるし、監督がいい加減なヤローだったらチームもそうなる。選手はみんな見てますからね」

あれから約20年がたったが、その姿は変わらない。甲子園で実績を上げればもちろん、一度甲子園に出ただけで〝大監督〟になってしまう人もいるというのに、小倉監督は甲子園で勝利を積み重ねても、年齢を重ねても、言葉遣いや態度が昔のままだ。どれだけ周りの見る目や接し方が変わっても、小倉監督は決して変わらない。それが普通でないことを伝えると、小倉監督はこう言って笑った。

「自分は得してますねぇ。何も特別なことしてないのに。練習をいっしょにやるのだって、いつもやってるからできるわけじゃないですか。『今日は人が来たからウォーミングアップやろう』と思ってやっても、ヘロヘロになっちゃうんだから。偉そうな人がいるとありがたいですよね。そういう人がいないと自分が光らないから（笑）。腹を突き出して、バカみたいに怒ってる人がいると、『これでオレの評価が上がる』なんて思ってますよ」

そんな小倉監督だから、選手たちに対しても自然体。偉ぶることがない。自分を大きく見せようとしないから、弱みを見せるし、失敗した経験も隠さず話す。

「カッコ悪いところを隠そうっていうのは、自分にはないですね。オレは養子で家ではこんなんだよっていうのも簡単に言えるし、現役のときは肩壊して一流になれなかったとか、こんな失敗したとかっていうのも普通に言える。監督だって神様じゃないし、オレだってこんなただの男だよって」

ごくたまに敏子夫人が寮に来て泊まることがある。そんなときは、監督ではなく、夫としての姿を見せることもいとわない。

「明日、女房が来るってなったら、選手に『掃除機持って、オレの部屋に集合！』です（笑）。『ウチの母ちゃん、おっかねーんだよ。家に帰ったら尻に敷かれてんだから。お前ら、頼むな』なんて言いながらきれいにして、『これで明日、大丈夫だ』って。朝の点呼前に女房がわざと選手に見えるように腕組んできて、『やめろよー』なんてこともあります（笑）。自分は隠さないですね」

試合に負ければ「勝たせられないダメな監督で申し訳ない」と謝り、選手とともに涙を流す。選手には「切り替えろ」と言いながら、責任を感じ、敗戦を誰よりも長く引きずっているのは小倉監督だ。

「負けたときも、選手のせいにはできないですね。監督の中には100パーセント選手のせいにする人もいるじゃないですか。自分は『あいつがエラーしたから負けた』と言える人が逆にうらやましいですよ。ああいうふうにあっさりできればいいなって。こっちは甲子園に行けなくて夏休みに練習を手伝いに来た3年生を見ると、『こんないい身体してんのになんで勝たせらんねぇのかな』って、1か月は引きずってますもんね。引きずらないでやれる人ってすごいなって思う。でもまた、引きずるから小倉ってカラーができるんかなって思いますけど」

うれしいときは喜び、悔しいときは泣く。ダメなことがあれば本気で怒り、怒ったあとは心配になってフォローする。いつでも自然体。「監督・小倉」としてではなく、「人間・小倉」として選手とつきあう。それが、小倉監督のスタイルだ。小倉監督には、指導者としてこんな信念がある。

「やっぱり、リーダーはカッコよくなきゃダメだと思うんです。カッコよさって何かといったら、裏表がないこと。裏表がないことが自信になるし、どこへ行ったって、胸を張っていられる。ボロ着てたって心は錦でね。カッコよさって絶対出てくるんです。グラウンドじゃ偉そうなことを言って、陰でいい加減なことをやっていたら、選手にはカッコよく映らない。一生懸命やって、正直に裏表のない男でいること。誰が見ても、どこから見られても恥ずかしくない男でいれば、自然とカッコよさは出てくると思うんですよね」

今も選手といっしょに走り、体形を維持しているのも、外出するときはスーツでビシッと決めるのも、選手の前ではカッコよくいたいからだ。

「監督はスーツ着てもカッコいいなって、オレはそういう男でいたいなと思うんです」

そんな小倉監督が、いつも選手に言うことがある。それは、「どこへ行っても、かわいがられる人間になれ」ということだ。

「かわいがられるというのは、やっぱり一生懸命にやる、陰ひなたがないということ。監督が見てようと見ていまいと、自分が決めたら一生懸命やる。そんな人間ですよね。『なんでも自分に返ってくるんだ』って言うんです。いいあいさつしたら相手もいいあいさつしてくれる。いいあいさつをするさわやかなチームはみんなが応援してくれるし、その応援が力になるんだってね」

一生懸命、陰ひなたがないというのは、カッコつけないということ。何かがあるときだけやろうとするのではなく、いつでも同じようにやるということだ。

当たり前のことを当たり前にやる。特別なことを特別ではないようにやる。それこそが、一番カッコいいこと。カッコつけるのと、カッコいいのとは違う。いつも一生懸命、いつも自然体。それこそが一番カッコいいということを小倉監督は自らの言動で示している。

目次

プロローグ
小倉全由のセオリー1　カッコよさを教える　4

第1章　選手をよく知る　17

小倉全由のセオリー2　キャプテンには一生懸命で叱りやすい選手を選ぶ　18
小倉全由のセオリー3　雨の日は風呂を沸かしておいて練習する　21
小倉全由のセオリー4　中学生は一生懸命さと着こなしを見る　24
小倉全由のセオリー5　選手同士の会話を聞き逃さない　26
小倉全由のセオリー6　試合前日はケーキとテーマソングで決起集会　29

小倉全由のセオリー7　選手といっしょに寮生活をする　33
小倉全由のセオリー8　選手といっしょに風呂に入る　38
小倉全由のセオリー9　定期的に休みを与える　41

第2章　技術を磨く練習法　45

小倉全由のセオリー10　スローイングはベルトの高さに投げる　46
小倉全由のセオリー11　ノックは「うまくしてやろう」と思って打つ　48
小倉全由のセオリー12　真ん中のカーブで打撃練習をする　53
小倉全由のセオリー13　楽しくバッティングをさせる　57
小倉全由のセオリー14　バッティングは簡単に教える　63
小倉全由のセオリー15　意識しなくてもできるまで振らせる　68
小倉全由のセオリー16　不振の選手にはワンバウンドの球を打たせる　72
小倉全由のセオリー17　楽しくなるまでトスバッティングをやる　75
小倉全由のセオリー18　重いバット、長いバットでスイングする　78

第3章 選手を育てる 81

小倉全由のセオリー19 失敗した選手にこそチャンスを与える 82
小倉全由のセオリー20 ときには突き放す 86
小倉全由のセオリー21 1年生に上級生との差をわからせる 89
小倉全由のセオリー22 いい人間をつくって勝つ 91
小倉全由のセオリー23 冬合宿で限界に挑戦させる 95
小倉全由のセオリー24 得意なことを認めて存在感をつくる 101
小倉全由のセオリー25 練習の雰囲気を大事にする 106
小倉全由のセオリー26 食事はおいしく楽しく食べる 110
小倉全由のセオリー27 怒ったあとはフォローする 112
小倉全由のセオリー28 突発的にイベントをつくる 115
小倉全由のセオリー29 何度でも教える 119
小倉全由のセオリー30 いいことがあれば全員の前でほめる 121

第4章 勝利の方程式 123

小倉全由のセオリー31 相手の神経を逆なでしない 124
小倉全由のセオリー32 継投は欲をかかない、エースを出し惜しみしない 129
小倉全由のセオリー33 天の声に耳を傾ける 133
小倉全由のセオリー34 勝負の一手を打つ 136
小倉全由のセオリー35 初戦で大量点を取って勢いをつける 140
小倉全由のセオリー36 選手のホームラン狙いを見落とさない 143
小倉全由のセオリー37 10対0で勝つことを目指す 146
小倉全由のセオリー38 練習試合では先攻、後攻どちらも取る 149
小倉全由のセオリー39 相手監督を研究する 151
小倉全由のセオリー40 練習試合では多くの選手を使う 153
小倉全由のセオリー41 試合前ノックは普段通りにやる 158
小倉全由のセオリー42 夏の大会前に1日完全休養する 160

小倉全由のセオリー43　足が遅くても打てる選手を一番に置く　162
小倉全由のセオリー44　好投手相手には打席でスライダーが見える位置に立つ　168
小倉全由のセオリー45　相手ピッチャーを見てタイミングを取るポイントを教える　171
小倉全由のセオリー46　甲子園滞在中も普段と同じ数のスイングをする　173
小倉全由のセオリー47　初球からスイングする　177
小倉全由のセオリー48　エンドランを使う意味を考える　180
小倉全由のセオリー49　無死一、二塁で勝負をかける　183
小倉全由のセオリー50　試合前は打撃練習よりも休養優先　185
小倉全由のセオリー51　劣勢のときこそ積極的に振る　187
小倉全由のセオリー52　苦しいときこそノリノリの雰囲気をつくる　190
小倉全由のセオリー53　全国の地方大会の流れを見る　195

第5章　リーダーの心がけ　197

小倉全由のセオリー54　甲子園出場が決まるとスーツを買う　198

小倉全由のセオリー55　一歩踏み出す勇気を持つ　200
小倉全由のセオリー56　どんなことにも常に一生懸命、手を抜かずにやる　205
小倉全由のセオリー57　野球ができなくてもくさらず、やるべきことをやる　209
小倉全由のセオリー58　日本一明るい運転手になる　215
小倉全由のセオリー59　父兄を〝小倉信者〟にする　218
小倉全由のセオリー60　親から監督に電話はＯＫ　221
小倉全由のセオリー61　自分自身の体調を整える　224
小倉全由のセオリー62　選手といっしょに走る　230
小倉全由のセオリー63　甲子園練習で守備につく　233
小倉全由のセオリー64　いいと思ったらすぐ変える　235
小倉全由のセオリー65　理論武装しない　238
小倉全由のセオリー66　強制的に起こして練習させる　240
小倉全由のセオリー67　名前や先入観で対戦相手を判断しない　242
小倉全由のセオリー68　どんなときも同じように怒る　246
小倉全由のセオリー69　指導の原点を忘れない　248

小倉全由のセオリー70　選手と同じ気持ちになって戦う　252
小倉全由のセオリー71　怒っても逃げ場をつくってやる　255
小倉全由のセオリー72　ミスは大小関係なく平等に怒る　258
小倉全由のセオリー73　選手にお願いし、約束する　261
小倉全由のセオリー74　日本一幸せな環境で野球ができていることに感謝する　265

エピローグ
小倉全由のセオリー75　心のつながりで戦う　270

小倉全由　甲子園監督成績　276
小倉全由　略歴　278

デザイン　神田昇和
写真　ベースボール・マガジン社
編集協力　石田佳子
校閲　永山智浩

第1章

選手をよく知る

小倉全由のセオリー 2

キャプテンには一生懸命で叱りやすい選手を選ぶ

ピッチャー1人、キャッチャー5人、ファースト1人、セカンド1人、サード2人、ショート2人、レフト2人、センター2人、ライト0人、控え1人。

これが、小倉監督が率いて甲子園に出場した関東一、日大三の歴代キャプテンのポジションの内訳だ。キャッチャーがやや多いものの、ポジションの偏りなく選んでいる。

「今はよく選手に投票させるってあるけど、キャプテンは自分が決めます。基本的にポジションは考えないですが、ピッチャーはダメ。野手のほうがいいですね。選ぶ基準は人間性ですね。やっぱり、一生懸命にやるヤツ。それと選手をまとめられるヤツ。リーダーシップって、もともと持ってるものじゃないですか。自分自身が小学校、中学校とお山の大将で、リーダーでやらせてもらってたから、見てピンと来るんですよ。自分に合った男というか。裏表のあるヤツはダメ。自分勝手なヤツは選んでないですね。1年で入ってきたときに、ある程度『2年の秋にはこいつがキャプテンだな』っていうのは見えます。そう思ったヤツがそのままキャプテンになったときは、甲子園に行ってますね」

キャプテンはとにかく一生懸命であることが一番。だから、必然的に練習量は多くなる。そうでない場合は、小倉監督が引っ張ってでも練習量の多い選手になるよう導いていく。2018年に夏の甲子園でベスト4入りしたときのキャプテン・日置航がそうだった。

「日置が入ってきたとき『こいつだ』と思ったんで、5月ぐらいに『お前は一番練習する選手にならなきゃダメだ』と言ったんです。『歴代のキャプテンはみんな、朝一番早くに起きて一番練習やったよ』と。日置は朝が弱かったんだけど、自分が強制的に起こして1年間やらせましたね」

05年夏の甲子園8強のときのキャプテン・中山怜大は典型的なリーダータイプだったため、同級生の千田隆之とともに「お前らは絶対2人で二遊間組むんだから」とハッパをかけ、下級生のときから最後まで残して練習させた。キャプテンがもっとも練習量が多くなるように持っていくのだ。

もうひとつ、小倉監督が重視するのが叱りやすさ。キャプテンは怒られ役になることが多い。そのたびにへこんでいるようでは務まらない。むしろ、怒られたことをエネルギーに変えられる熱さがないといけない。

「関東一高のとき、いつもは絶対に信頼してるヤツをキャプテンにするんですけど、『クリーンアップ打ってるし、こいつをキャプテンにしとけばいいよ』って選んだことがあったんです。その選手に対しては熱く怒れないため、自分も真剣に『このヤロー』って気持ちにならない。ノックを打ってても、球際の厳しいところへは打たない。『はい、ナイスプレー』ってなんとなく終わるから、打ってておもしろくないわけですよ。そんなだから、チームがよくならなかった。キャプテン選びを誤ったときは、勝てないですね」

その反省から、以降はキャプテン選びで妥協することはなくなった。小倉監督の中で印象に残るのが、11年夏の甲子園で優勝したときの畔上翔。まさに小倉監督が求めるキャプテンタイプだった。

「熱くて、100パーセント叱って、100パーセント自分についてこられる。遠慮なく叱れるし、猫かわいがりすることもできる。そんなヤツでした。やっぱり、叱りやすいのは大事ですね。今は『ほめて育てる』っていうけど、『ほめる』の意味を取り違えているところがあるじゃないですか。ただちやほや甘やかして育てるようなところがある。そうじゃないと思う。やっぱり、歯を食いしばって練習を頑張って、結果が出たときにはほめてやる。選手が苦しんで、もがいて、その中で前の日よりも強くなった、何かできるようになったときには、ひとこと『強くなったな。頑張ったな』って。それがホントの『ほめる』だと思いますね。こっちが期待してハッパをかける。たまには罵声を浴びせる。その中で歯を食いしばって、先頭に立ってやるのがキャプテンだと思います」

苦しいときにどれだけ頑張れるか。自らの姿で引っ張っていけるか。そんな熱い人間が、小倉監督の求めるキャプテンなのだ。

小倉全由のセオリー 3

雨の日は風呂を沸かしておいて練習する

監督の準備不足だった。

小倉監督がそうふりかえるのが、関東一を率いていた1988年夏の東東京大会準々決勝・帝京戦。雨の中での試合だった。前日も雨で1日順延になっていたが、日程が詰まっており、前の日よりも強い雨の中で強行された。

「初回2アウト満塁でサードゴロ悪送球から負けたんです（初回4失点で1対8の8回コールド負け）。その後、尾藤（公、元箕島監督）さんの本を読んだら、『雨対策をしなきゃいけない。雨の中の練習も必要だ』『ブルペンに水をまいて投げさせたこともある』と書いてあった。関東一高は雨天（練習場）があるじゃないですか。雨が来れば、すぐ雨天に入ってたんですよ。施設が整えば整うほどそっちに行っちゃう。雨の準備をしてなかったなと」

高校野球の場合、雨でも試合が行われることはよくある。特に甲子園の開幕日が決まっている夏の大会は、強行開催されることも珍しくない。そのときのために雨の日用の練習をしておく必要があった。

「あとの祭りなんですよね。もっと早く本を読んでおけばよかった、雨で練習しておけばよかったなって。監督が一番雨が嫌なわけですよ。特に自分なんか、雨が降ったらボールは飛ばないし、盗塁もなかなかできないし、悪いことばっかり考える。そのときに、『ウチは雨の中でも練習やってるもんな』と思えないといけない。全部想定してやらなきゃいけないって感じましたね」

高校生が力を発揮できないのは、精神面による部分が大きい。想定外や未経験をどれだけなくしてやれるか。それが監督の仕事になる。

「雨だと選手は絶対不安になるわけだから。雨の練習さえしておけば、ゲーム前に『お前ら、いつもやってる練習だよ。余裕持っていけるぞ』と言えるから、選手も落ち着いてやれる」

この経験をしたあとは、雨でも練習する日をつくるようにした。だが、それだけで終わらないのが小倉監督。

「それからは、雨が来るときは『今日は雨の練習するからな。無理してでもノックやるぞ』と。その代わり、お湯を沸かして風呂をつくっといて、風邪ひかないようにしてやる。選手たちだって、雨の中やるのは嫌じゃないですか。でも、『今日は雨の練習だよ』と言えば気合入れてやる。その声のかけ方ですよね。それと、『これやったら、すぐ風呂入るから』と言えば、『風呂の用意をしてくれてる。ここまでやってくれてるんだ』と思ってくれる。そういうかけひきは必要ですよね」

びしょ濡れになっても、あとにあったかい風呂が待っていると思えば頑張れる。嫌なことをやらせても、選手の心をつかんでしまう。それが、小倉監督なのだ。

小倉全由のセオリー　4

中学生は一生懸命さと着こなしを見る

　日大三では、スカウティングは三木有造部長が担当している。小倉監督が中学生を見るのは、三木部長に頼まれたときや遠方から入学を希望する選手がいる場合などだ。今や全国の球児が入学を希望する高校のひとつになった日大三だが、小倉監督の見る目にぶれはない。

「声はかけますけど、最終的には『ウチでやりたい』ってヤツじゃないといらないって言います。いっしょにやりたいのは、目の色変えて一生懸命にやるヤツですね。やっぱり自分は一生懸命なのが好き。タラタラやるのはダメ」

　いくら好素材でも、一生懸命、全力でできない選手は日大三には合わない。だから、中学生に声をかける段階で、甘い言葉ばかり言って誘うことはない。

「ウチなんか、冬の強化合宿とか目いっぱいやるじゃないですか。周りの監督は、『厳しいことやってる。よくそれで選手集まりますね』って言うんだけど、自分は隠すことじゃないと思う。あけっぴろげに『ウチはこういう練習するよ』と言って、きつい練習が嫌だったら来なきゃいい。中学で名前が通っていようが、しょせん中学生ですからね。中学でタイトルを持っているからってちやほやするのは嫌だな。ウチに来て一生懸命やってくれて、汗流して泥だらけになって、それでいい選手になってくれればいい。中学のままじゃダメ。高校で伸びてくれなきゃダメなんで、高校に来て、自分からやるって男になってもらわなきゃダメだと思いますね」

もうひとつ、小倉監督がこだわるのは着こなし。カッコよさだ。

「ユニフォームにしても、帽子のかぶり方にしても、着こなしのダメなヤツはダメだね。甲子園でも、強いチームはいっぱいいるけど、帽子のかぶり方を見たら『監督、しっかりやらせろよ』ってとこがあるでしょ。高校、大学、実業団の中で一番カッコ悪いのは高校野球。自分はカッコいい男が好き。ユニフォームでもなんでもカッコよく着こなせないと」

帽子に変な型をつけたり、つばを極端に曲げたり、まっすぐにしたり……。そんなことをしていては、同じプレーをしてもカッコ悪く見えてしまう。それを小倉監督は言っているのだ。

「カッコいい男になろうと言っています。まぁ、カッコ悪いヤツは、自分がカッコよくしますけどね」

一生懸命、熱くやるのがカッコいい。見た目ではなく、にじみ出る男のカッコよさ。小倉監督は、それがわかる選手たちといっしょに汗を流したいと思っている。

選手同士の会話を聞き逃さない

聞き捨てならなかった。

2018年7月22日。西東京大会準々決勝・片倉戦の夜のことだった。その日は、勝ちはしたものの内容は最悪。初回に1点を先制したあとは相手の横手投げ左腕を打ちあぐね、4回を終わって1対0。5回表には捕手・斉藤龍二のバント処理ミスから崩れて一気に5失点とビッグイニングをつくられた。その裏に2点を返すものの、6回表に1点を追加され3点リードを許す展開。7回裏に代打・小沢優翔の代打満塁本塁打が出て逆転したが、都立高校相手に8対6と薄氷を踏むような勝利だった。

当然、小倉監督の機嫌はよくない。だが、大会中ということもあり、黙っていた。

「そのときは、ゲームに勝ったからよしとして、叱りはしなかったんですよ」

寮に戻り、メダカにエサをやっていると、食事から帰ってきたバッテリー2人の会話が耳に入った。

すると、投手の河村唯人がこんなことを言っている。

「オレ、今日、140キロ何球出たかな」

先発して5回途中、2安打5四球3失点で降板した投手の言葉とは思えなかった。河村は救援登板した初戦（3回戦）の都立杉並戦でも、1回3分の2を1安打2四球とふがいない投球をしている。このままでは同じ結果になると考えた小倉監督は、全員に集合をかけた。

「カワムラー、てめぇはオレが今日叱らないでこらえてんのわかんねーのか！　スピードじゃねぇんだ。コントロールなんだよ!!」

目いっぱい怒鳴ったあと、こうつけ加えた。

「でも、お前がそういうこと言って帰ってきたのがオレの耳に入ったからよかったんだ。これでオレが今日怒らなかったら、お前はまた今日と同じピッチングするだろ」

これで目が覚めた河村はスピード重視の力任せの投球から脱却。リラックスして投げるようになった。次の準決勝の東海大菅生戦では3回途中から救援。5四球を与えたものの、7イニングを3安打1失点の投球で勝利を呼び込むと、決勝の日大鶴ヶ丘戦でも3回途中から救援して4安打7奪三振1失点の好投を見せた。その後も安定した投球が続き、甲子園でもリリーフエースとして活躍。ベスト4進出の立役者になった。

「勝ってるときって、そういう物語があるんですよ。河村のあの言葉もいい言葉になるというか、全部プラスになる。逆に言えば、勝ってないときって何かひらめいてないのかなって思っちゃうね。聞こえても、流してるかもわかんない」

寮で選手たちといっしょに生活しているからこそ、いろんな会話を聞くことができる。決して耳をそばだてているわけではないが、聞き逃してはいけない言葉は自然と耳に入ってくるもの。高校生の心のスキはふとした会話に表れる。それをつかまえ、プラスに転換していくのが小倉監督なのだ。

小倉全由のセオリー　6

試合前日はケーキとテーマソングで決起集会

日大三には、試合前に必ず行う出陣式がある。

みんなでその代のテーマソングを歌い、ケーキを食べるのだ。これは、小倉監督が関東一で監督を務めていた頃から続いている。小倉監督にとって伝統の〝儀式〟だ。始めたきっかけはいくつかあるが、ひとつは、小倉監督の高校時代の寮生活にある。

「(日大)三高の合宿には楽しい雰囲気がなかったんですよ。今の建物でもなかったし、食堂は畳。あの時代の学校の寮って、修行の場みたいなところですよね。冷暖房もなく、冬は寒くて夏は暑くて。広い食堂にせいぜいストーブがひとつとかね。それに耐えるのが野球部の寮だ、という感じだった。そういう中で生活してたからですかね」

もうひとつは、関東一の寮の経験。1985年に建て替えられたが、小倉監督が就任した当時の寮は工事現場にあるプレハブのような建物。風呂のタイルははがれてコンクリートが見え、すき間風が入ってくるような状態だった。二階の大広間に二段ベッドが並び、選手はプライバシーのない生活。出される食事もまずく、選手たちと管理人の折り合いもよくない。雰囲気は最悪だった。

「食堂で管理人といっしょになって笑いながら食べる雰囲気がなかった。あの頃の関東一高は食事も悪かったし、食事をパパッと食べたら、みんな二階に上がっちゃうような感じでした。みかんを差し入れにもらっても、食堂ではなく二階に行って、管理人と離れたところで分けていた。なんとかこの嫌な雰囲気をいい雰囲気にしなきゃいけないっていうのはあったですね」

食べ盛りの高校生がこの食事ではかわいそうだ。明るく楽しい寮にしたい。そんな想いから小倉監督はポケットマネーで選手たちにケーキを差し入れた。数種類あるケーキのうち、自分で好きなものを選べるかどうかはじゃんけんで決まる。ケーキをかけたじゃんけん大会は驚くほど盛り上がった。

「寮には20人から25人はいたし、給料は少ないからきつかったですよ。『こんなに領収書があるんだから学校に出せないの?』と言った女房に、『そんなもん、男が出せるわけねぇだろ』って言ったのがスタート。『ショートケーキがいい人? モンブランがいい人?』、『ハイっ! ハーイ!』って選手たちがケーキひとつで明るくなるのがすごいと思いましたよね。ケーキが監督と選手のいいつながりをつくったんです」

小倉監督といっしょに初めて寮に入った選手たちは、冬合宿中に水あめをなめたという時代。85年のチームのキャプテン・寺島一男が「今とは価値が違う。今なら3000円ぐらいの価値がある」と言うほどケーキの持つ効果は絶大だった。試合前にケーキを食べるのが選手たちの楽しみになり、頑張る原動力になった。昭和から平成、さらに令和になり、豊かな時代になったがケーキの持つ意味は変わらない。

「家で食べれば当たり前。家だと母ちゃんがケーキ買ってきてくれても『いいよ』なんて言うかもわかんないけど、合宿だとたまのことだからケーキひとつで明るくなれる」

今の時代、ケーキひとつで盛り上がるのは考えられない。実際、1年生は入学当初、ケーキをかけたじゃんけんで盛り上がる先輩たちを見て微妙な反応をするという。

「4月頃は『なんなんだこの集団は』って見てますよ。それも教える。『お前らは家でケーキ食いたいって言えば、母ちゃんがいつでも買ってきてくれるし、冷蔵庫にも入ってるだろ。でも、ウチの合宿所にはいつもケーキがあるわけじゃないんだよ。差し入れをもらったり、オレたちが買ってきたといったら、やっぱり、やったっていうね、うれしい表現ができねえヤツはつまんねえから』って。ケーキなんて見たことないって時代じゃないけど、その雰囲気にバカになって入っていかなきゃなんないんだよって、喜び方まで教える。上級生になると、雰囲気に慣れてきますね」

ケーキとともに、欠かせないのがテーマソング。その年ごとにテーマソングを決めて、試合前は必ず全員で歌って盛り上がる。きっかけは小倉監督が日大三に来て3年目の1999年だった。当時のキャプテンだった白窪秀史コーチがふりかえる。

「大会に入る前に、自分がキャプテンだったので、『何か歌え』と言われて、『それが大事』を歌ったんです。それを聞いた監督さんが、『いい歌詞だな。チームのテーマソングにしよう』って。それで甲子園に行ったので毎年歌うようになりました。ひとつ下の代は自分らと同じテーマソングで甲子園に行けなかったので、『自分たちで考えろ』となって毎年変わるようになりました」

以降は、岡本真夜の『ｔｏｍｏｒｒｏｗ』、爆風スランプの『ｒｕｎｎｅｒ』、嵐の『ＧＵＴＳ！』、Ｌｉｔｔｌｅ Ｇｌｅｅ Ｍｏｎｓｔｅｒの『いつかこの涙が』など、選手たちが話し合って決めている。

「周りは、こういう雰囲気になかなかできないですって言うけど、そりゃそうですよ。24時間いっしょに生活してるんだから。ウチだけの特別な雰囲気があっていいんじゃないのって」

今はコントもやるようになった日大三の〝出陣式〟。試合前に雰囲気をつくって、みんなで盛り上がる。これが、「よし、明日いくぞ」と心に火をつけることにつながるのだ。

小倉全由のセオリー 7

選手といっしょに寮生活をする

24時間選手といっしょ。

これが、小倉監督のスタイルだ。監督就任以来、千葉・九十九里にある自宅に家族を残しての単身赴任生活を続けている。家に帰るのは週に一度だけだ。

「寮に泊まっても苦にはならないんですよね。家が近くにあれば通うんでしょうけど。単身赴任でやらなきゃいけないんだって気はないんですよ」

高校時代から寮生活。日大入学後も日大三の寮に住んで学生コーチを務めた。関東一の監督に就任したときも選手といっしょに寮に住んだ。

「自分、寮でいいですよってスタートからすぐ寮に入りましたね。汚いけど部屋はあったんで。現役のときから寮生活してるから、抵抗はないですね。関東一高に行ったときは、それこそ選手の延長ぐらいのスタートでした」

監督就任1年後の3月に結婚。近くに部屋を借りて敏子夫人との生活を始めたが、半年後に妊娠がわかると実家に帰してしまったため、同居生活を送ったのはわずか半年だけだ。関東一で野球を離れた時期が4年間あるが、それ以外はすべて単身赴任で寮生活を送っている。

「結婚37年だけど、帰っても1週間に一回。女房とは、単純計算で5年ぐらいしかいっしょにいない（笑）」

野球に集中できるといえば聞こえはいいが、24時間選手といっしょでプライベートもほとんどない。だが、そんなことは気にならない。

「監督の中には遠征に同じ電車やバスで行かない人、違うホテルに泊まる人もいますよね。自分はそんなの何もない。見られても別に嫌じゃないし、選手がつまんない動きをしても許せる。その代わり、ダメなものはしっかり叱りますけどね」

むしろ、いっしょに生活することにはメリットのほうが多いと感じている。グラウンド以外で、選手のいい部分、悪い部分を見られること、何かあればすぐに声をかけられることなどだ。そのため、ミーティングの回数は多くない。

「自分は毎日はやんないな。気がついたらやる。あとはゲーム前。（時間は）長くもやんないですね」

近年は監督と選手で野球ノートによるやりとりをする学校が増えているが、小倉監督には必要ない。

選手たちといっしょに野球部の寮で暮らす小倉監督。食事も選手と同じ時間に同じテーブルで同じメニューを摂る。写真では選手におかずを分けている

いつでも直接顔を見て、直接話ができる環境があるからだ。

「ノートは書けと言ってるけど、あくまでも自分のノートだから好きなように書けと言ってます。自分は見ないですね。めんどうくさいもん（笑）。オレが見るってなったら、選手はいいことしか書かないでしょ。今はメールでやりとりする監督もいるけど、自分はやらない。それよりも、選手を見て、『お前、今日具合悪いんじゃねえか』と声をかける。選手には、『同じ屋根の下にいるんだから、オレからも遠慮しないけど、お前らも遠慮するな』と。監督相手だとどうしたって構えちゃうんだけど、隠し事あるヤツ、コソコソするようなヤツは嫌ですね」

一方、家族といっしょに過ごす時間が少ないことで、こんなことがある。

「この年になっても家に帰るのが楽しみ。みんな九十九里まで2時間半もかけて帰るの大変じゃんって言うけど、苦になんないんですよ。今は女房とどっかに行くっていうのもまずないし、せいぜいお茶やコーヒー飲んでるぐらい。田舎だから庭の草取りもやんなきゃいけないし、片づけもやんなきゃいけないけど、孫もいるし、家に帰ったときの空間がいいなって。それが自分の一番のリフレッシュになるのかもわかんないですね」

片道2時間半のドライブもまたいろんなことを考えるいい空間になっている。結婚式のあいさつを考えるのも車の中。２００１年夏に優勝したときのファーストでおいの齋藤達則がいた頃は帰りの車に乗せ、他の選手のことを訊く時間にもなっていた。

「車の中が一番いろんなことを考えられるじゃないですか。『あいつ、こういうふうに打たしたほうがいいかな』とか『こうやったらもっとヒントを得るようなことになるかな』とか。結構車の中でひらめいて、それをやりたくなるときもあります。家に帰るときは、『孫と何やるかな』なんて考えてますけど、家から帰るときは、『よーし、こういう練習やってやろう』ってわくわくしてくるわけですよ」

選手たちと24時間どっぷり野球に浸かり、週に一度だけ家庭に帰ってリラックスする。このオンとオフの切り替えが小倉監督にとって心地よいリズムになっている。

小倉全由のセオリー　8

選手といっしょに風呂に入る

寮で選手といっしょに生活していても、風呂にいっしょに入る人は少ない。だが、小倉監督は自分から入っていく。

「一時期、選手が入ってない時間を狙って入ったときもあるんです。1人で入りたいからって。今は満員でも入っていく。昔も風呂の中で冗談言ったなと思って、できるだけそうしてますね」

監督と選手がいっしょに風呂に入ることで生まれるのが、〝背中流し〟だ。昔は親子で当たり前に背中を流したものだが、今はほとんど見かけなくなってしまった。それが、日大三では伝統的に続いている。

「目上の人と入ったら背中を流す。これが日本の文化だよって教えるんですよ。それも、ただ『お背中お流しします』と言うだけじゃダメ。気持ちが大事だって。遠征に行ったとき、バスの運転手さんが『監督、きのうキャプテンに背中流してもらっちゃいました。生まれてこのかた、初めてのことです』って言いに来たことがあった。そうなれば、次の日の運転が心地いいんですよね。それなんだよ。ただかたちでやるんじゃないんだよって。だから言いますね。『家に帰って、父ちゃんの背中流してみろ』って。家の風呂が広くなかったらスーパー銭湯に連れていけ。よその親父がいる前で父ちゃんの背中流してみろ。父ちゃんうれしいぞ。そしたら代わって流してくれる。次の日の朝、『また練習頑張ってくるよ』って家を出るとき、小遣いが出るからって。そこまで教えてやります」

一方で、こんなこともある。風呂に入ろうとしたものの、監督が脱衣所にいるのを見て、入るのをやめる選手がいるのだ。

「自分はそれは許さない。同じ屋根の下で生活してて、オレを見て逃げるヤツはやめてくれって。そういうヤツ嫌なんだよって。監督がいるから嫌だとか、監督が見てるからどうのこうのっていうヤツは嫌ですね」

選手とは家族同然でつきあっている。たとえ怒られたあとでも、何かうしろめたいことがあっても関係ない。

「選手にも『顔を合わせてもあいさつしないでスッと行くのが一番気分が悪くなる。相手を気分悪くさせるのには、この手が一番なんだよ』とよく言うの。『オレはそういうのは認めないし、許せない』と」

選手とは年々年が離れていくが、裸のつきあいをすることによってコミュニケーションが生まれる。湯船に浸かりながら、野球の話も、女の子の話もするのが小倉流の選手とのつきあい方。

「自分は得してると思います。選手といっしょに風呂に入ってるのをすごいって、みんな言ってくれるんですから」

小倉全由のセオリー 9

定期的に休みを与える

全国的な強豪校にもかかわらず、日大三には定期的に休みがある。2週間に一度は、野球部内で〝外出〟といわれる帰宅日になる。

「自分は単身赴任だから、1週間に一回帰るのを楽しみにしているんですよね。それがあるから1週間、（練習を）目いっぱいやる。選手も同じだと思うんで、『来週の月曜は休みだよ』と言ってやったり、日曜日の練習試合が雨で中止になったら、急に朝、『今日は外出だ』ってことをやってやったりするんです。選手が一番うれしいのは日曜日の休みですからね」

強豪校といえば、休みなしで練習するのが当たり前。かつての高校野球界は、そんな考え方が一般的だった。力がないチームであれば、ライバル以上の練習をしなければいけない。関東一で監督になったばかりの小倉監督も同様だった。

「甲子園に行くレベルというのがわからなくて、選手に休養を与えることができなかったんです」

当時は「打倒・帝京」に燃えていた時代。帝京を倒すためには、とにかく練習することしか頭になかった。当時の小倉監督にはこんなエピソードがある。84年の冬。合宿をやっているクリスマスの時期に子どもが生まれた。連絡を受け、病院にかけつけた小倉監督。翌朝、選手たちは「さすがに今日は来ないだろう」と話していたが、グラウンドに着くと監督室の前に小倉監督のスリッパがあった。

「選手たちは『子どもが生まれたのに来てるよ。今日ぐらい休めよ』って言ってましたね（笑）。でもこっちは、選手が5時に起きてやってるのに申し訳ない。自分だけゆっくり寝ていられないという思いがあった」

その日は朝4時起き。グラウンドに行く途中にあった病院の前を通るとき、奥さんに合図のクラクションを鳴らして選手たちのもとへと向かった。

休むことを知らない小倉監督に転機が訪れたのが1985年。東北と練習試合をしたときのことだ。エース・佐々木主浩（元マリナーズ）は腰痛で投げなかったが、葛西稔（元阪神）を攻略してセンバツ8強のチームを破った。試合後、東北を甲子園常連校に育てた竹田利秋監督（当時）から、こう声をかけられた。

「小倉くん、このチームだったら、全国でベスト8の力があるよ」

小倉監督自身、この年のチームは今まで率いてきたチームの中でも戦力があるという手応えはあった。だが、いかんせん監督として甲子園の経験がない。全国レベルの基準がわからなかった。それが、甲子園で実績十分の監督に評価してもらったことで気持ちが楽になった。

「力があるのはわかっていたけど、まだまだ、まだまだって、選手を休ませることができなかった。それが、全国ベスト8といわれて余裕ができたんですね」

それまでは練習していないと不安だったが、そう言われてからは、選手たちを休ませることができるようになった。

「身体を休めることも必要だなと。プラスになる休養を与えてやるっていうんですかね。高校生なんだから、やっぱり丸一日の休みが一番うれしいわけじゃないですか。監督に休みをもらえたってなれば、選手たちも切り替えていい野球をやるぞという気持ちになる。自分らの現役の頃は、1日休んだら3日のマイナスだと言われて休みらしい休みがなかった。疲れ切っちゃってたんですよね。気持ちが滅入ってきて、もっと身体が動かなくなる。でも、休めば身体が楽になって、動く。そうすると野球がやりたくなる。楽しくなる。選手たちにそういう思いをさせてやればいいんだと思いましたよね。それまではぐーっとゴムを引っ張り切った状態で毎日練習してた。それが、ゴムに余裕を与えられるようになった」

当時の関東一はやんちゃな選手が多かった。1日休むと聞いて、「そんなことをしたら問題を起こすんじゃないか」と言う人も周囲にはいたが、小倉監督は心配していなかった。

「悪さしたら、みんなで出場停止になればいいじゃないですかと。自分はやっぱり選手を信じてますね。甲子園に行きたくないヤツなんて誰もいないんだから、そんなバカはやらないでしょ。選手を信用しなかったら、何もできないですよと」

結果的に、効果的な休養が功を奏した。その夏の東東京大会で初めて帝京を破って優勝。甲子園でも3勝を挙げて、竹田監督の言った通り、ベスト8進出を果たしたのだ。

「本当にベスト8ですからね。竹田さんの目はすごかった。あのまま竹田さんに言われなかったら、目いっぱいやって、最後はゴムが伸び切っちゃって、力を出せない状態をつくったんじゃないか。いいタイミングで全国トップの監督にそう言ってもらえたのがよかった。あのときに、自分は変わったかもわかんないですね」

この考え方が、夏の大会前の休日（160ページ・セオリー42）につながり、現在の考え方にもつながっている。

「強弱をつけてやればいいんです。ノルマとか切羽詰まった生活をずーっとさせていたら、力を出し切れないと思いますね」

やるときはやり、休むときは休む。メリハリと切り替える時間があるから、選手たちは厳しい練習についてくるのだ。

第2章

技術を磨く練習法

小倉全由のセオリー 10

スローイングはベルトの高さに投げる

小倉監督が守備でもっとも重視するのはスローイングだ。

「スローイングミスが一番の差になるじゃないですか。力のないチームでも、捕球のかたちが悪かろうがなんだろうが、捕ることはそこそこできる。そのあとの送球ですよ」

捕球ミスよりも、送球ミスのほうが走者に余計な進塁を許すことになるため重要視する。その中で小倉監督が特にこだわるのは、間一髪アウトが取れるかどうかというタイミングでの送球だ。

「『高いボールを投げるな。低いボールなら止められる』って言うけど、低いというよりもベルトの高さに投げろと。それはうるさく言いますね。ベルトに投げればファーストが一番伸びることができる。ゲッツーでファーストが伸びて捕れれば、間一髪アウトに取れる」

ただ「低く」ではなく、具体的に「ベルトの高さ」と言うことで、選手たちは狙いを定めやすくなる。やるべきことも明確になる。もちろん、ファースト以外への送球も、低い送球にはこだわる。

「どこのポジションも全部。外野からのボールが高く浮いたら『低く投げろ』と言う。ノックやってる自分も言うし、野手間でもうるさいぐらいに言わないとダメ。みんなが言わなきゃダメだと。スローイングをうるさく言わないチームって、ノックを打っていても何も注意しない。これじゃあ、送球ミスあるなって見ますね」

全ポジション、全員で低い送球を徹底する。声を出して意識づけをする。

「低く投げるって意識がなかったら低くいかないですからね。高いボールが来たのに、ファーストが何気なく次のボールを渡していたら怒りますね。『なんでもっと低くって言わないんだ』って。1年生が投げようが、上級生が投げようが、高く来たら低く投げろよって言うこと」

いちいち言うのは面倒くさい。だが、そこで面倒くさがらず、しつこいぐらいに言うことが大事。「これぐらいいいいか」とスルーしてしまえば、徹底力は身につかないのだ。

小倉全由のセオリー11

ノックは「うまくしてやろう」と思って打つ

「ノックには自信を持ってました」

決して自慢をしない小倉監督が胸を張るのには理由がある。そう言えるだけやってきたという自負があるからだ。原点は大学生で母校のコーチを務めていたときにある。

「『学生コーチはノックの打てないヤツはダメだ』という小枝（守、拓大紅陵元監督。当時の日大三監督）さんの教えがあったんです。最初は飛ばないし、狙ったところにいかなかった。思うように打てないと、授業の空き時間や練習前にグラウンドに出て、レフトフェンスめがけて何百球も打ちまくっていましたね」

外野フライでタッチアップする走者を刺す練習なら、外野手がしっかり後ろから入れる位置にぴったり打つ。それぐらいの技術と自信があった。そんな小倉監督が、ノックを打つ際に心がけていることとがある。

「打球は跳ねないように大事に打ちます。（ボールの）上っ面を叩くと跳ねるんですよ。ポンポン、ポーンってイレギュラーするんです。下手な人のノックを見てると上っ面を叩いてる。『選手たちはよくこの打球を捕ってるな。よくケガしないな』って思うことがあります。『どんなボールを打ったって捕れる選手になんなきゃいけない』って言うけど、やっぱり、基本はスムーズに足を運んでスムーズにグラブに入る打球。捕りやすい、うまくなるボールを打つ。捕りにくいノックを打つ人のチームはうまくなんない。ノックの打球でうまくしていかなきゃいけないと思います」

そんな小倉監督も、思うように打てない〝ノックイップス〟にかかったことがある。関東一で監督になった直後のことだ。

「『ケガさせちゃいけない』って気持ちで打ったら、インパクトの瞬間にすっと力が抜けちゃってヘッドが走らないんですよ。打つときに、何か気をつけちゃう。思い切り打てない。ヘッドが普通に走ればポーンと打てるのに、ちょっと勢いが止まって上っ面を叩き、イレギュラーして顔に当たってケガばっかりしちゃったときがあったんです。隣でコーチがガンガン打ってるんだけど、それはイレギュラーしない。そこで初めて、監督は『ケガさせちゃいけない』と思うから、ヘッドが思うように使えなくて躊躇しちゃうんだとわかりました。割り切るまでが大変でしたね」

余計な気遣いは技術の乱れにつながる。そこからは意識が変わった。「ケガをさせないようにしよう」ではなく、「うまくしてやろう」と思って打つのだ。

「一対一でまず声をかけて、『うまくなれよ』って打ちますよね。それで捕れるようになってきたら、『このヤロー、もっと難しいの捕ってみろ』っていうのはありますね。うまくなるヤツは厳しいところに打ってもあきらめないで追っかける。ダメなヤツはハナからあきらめてる。その積み重ねが、うまくなるかならないかの差になるんです」

その選手の技術に応じて、捕れるか捕れないか、ぎりぎりの場所に打つ。その打球を捕れたら、次はもう一歩先の、目いっぱい手を伸ばせば捕れる場所に打つ。声を出して盛り上げながら、ぎりぎりのところにチャレンジさせていくのだ。

「ノックは監督が熱く打たなきゃダメだと思います。やっぱり、選手と相対して、気合っていうか、『そら、いくぞ』『さあ、こい』という、息ってあると思うんです。そのときに、叱りがいのあるヤツか、何かピンとこないヤツかという差はある。こっちは常に『もっと打ってやりたい』って思うんだけど、何か熱くないヤツっているじゃないですか。絶対捕れなくても、飛びつく気持ちがあるヤツは伸びるんです」

ノックは選手とノッカーとの一対一の会話だといわれるが、日大三では文字通りノック中に会話が生まれる。ノックを受ける選手が、ノックを打つ小倉監督や三木部長を、「監督さーん」「三木さーん」と呼び、それを受けて小倉監督や三木部長が「そら、いくぞ」と打つのだ。選手側から指導者の名前

「スムーズに足を運んでスムーズにグラブに入る打球」を心がけ、小倉監督はノックをする

を呼ぶことで、ノッカーからの一方通行ではなくなる。独特の空気が生まれ、小倉監督の言う〝息の合った〟ノックになる。

どれだけ熱く、気合の入ったノックにできるか。雰囲気さえつくることができれば、選手たちは自然と、あと一歩の打球に食らいつくようになる。その姿勢が、選手たちをうまくさせるのだ。

小倉全由のセオリー 12

真ん中のカーブで打撃練習をする

真ん中のカーブ。

誰もが打ちやすいこの球をくり返し打つのが、小倉監督の打撃練習だ。智弁和歌山の髙嶋仁元監督は160キロの速球をガンガン打たせていたが（『智弁和歌山・髙嶋仁のセオリー』20を参照）、小倉監督は対照的。速い球を打つ練習はしない。

「自分も監督になったばかりの頃は速いボールを打たなきゃ強いチームに勝てないと思ってました。ピッチャーやマシンをマウンドから2メートルぐらいホーム寄りに置いて打ってましたね」

転機は関東一の監督になりたての25歳のときだった。法政大学の五明公男元監督と食事をする機会があった。五明監督が法大を率いた当時は怪物・江川卓（元巨人）が在籍。そこで、小倉監督はこんな質問をした。

「もし江川投手が相手チームにいたら、どうするのが攻略の早道ですか」

するど、返ってきたのは意外な答えだった。

「まず、しっかりとしたスイングをつくること。江川の150キロに合わせたスピードで練習しても、バッティングのかたちはできない。しっかりとしたスイングができていなければ、いくら打てたとしても出合い頭のまぐれでしかない。緩いボールを引きつけて、しっかりとしたスイングをつくる。ストライクが入るか入らないかじゃなくて、必ずストライクになる当たるボールを100パーセントしっかり打ち返す。そうやって自分のスイングをつくってから速いボールに対応する。そういう練習をしなかったら、いつまでたっても江川を打つことはできない」

150キロを打つのに、緩い球で練習するのが早道だと言う。常識とは、真逆の発想だ。

「そうか、練習しようと思ったんです。ただ、他のチームのピッチャーを考えたときに、正直言って『110キロのボールで練習してホントに打てるようになるのか』という不安もありました。でも、当時は勝てないチームだったので取り入れたんです」

あの名将が言うんだから間違いない。そう思い、とにかくやってみた。続けていくと、選手たちがバットを振れるようになってきたのがわかった。

「緩い簡単なボールなので、いいスイングをして当たれば飛びますよね。そうすると、打っていて楽しみも出てくるんです。（当時は速いといわれていた）140キロをいつも打たせていたらファウルチップばっかりで。ときどき打てても楽しくないじゃないですか」

注意するのは、緩い球だからといって打ちにいかないこと。泳いで軸が崩れるのはもっともやってはいけない打ち方だ。

「詰まったらダメって言う人もいますけど、バッティングというのは詰まって覚えていくものだと自分は思う。先っぽに当たってヒットというのは、ゲームだったらいいけど、練習では絶対にダメ。『詰まっていいんだ。自分の軸を崩さないで振れ』というのはうるさく言いますね」

今や高校生でも140キロが当たり前の時代。150キロの時代に突入したが、日大三打線は変わらずに全国レベルの強打を誇っている。

「五明監督に会っていなかったら、バッティングがよくなる指導はできなかったかもわかんないですね」

ちなみに、緩い球を真ん中カーブにしたのは円盤型のマシンの問題。ストレートよりもカーブのほうがいい回転で、ある程度定まった軌道でボールが来る。来るボールがばらけるより、同じようなボールが来るほうが打者は打ちやすいからだ。

「カーブだとしっかりと後ろに体重を乗せることもできますからね。ただ、まっすぐ、カーブということにこだわらず、とらえるポイントが大切。選手もマシンを打つときに、カーブを打っているという感覚はないはず。『マシンから来るボールを打っている』ぐらいにしか考えていないと思います」

コースも真ん中だけにセットする。あえて内角や外角に合わせて打つようなことはしない。

「内角の打ち方、外角の打ち方なんてない。肩口から入るカーブを放り込ませる。その打ち方で外のボールに踏み込めば右中間にいくんです」

自分のスイングができるようになれば、自分のかたちで待つことができるので、選球眼もよくなる。目慣らしさえすれば、速い球にも対応できるようになる。

すべては、緩い球を自分のポイントまで引きつけて打つこと。この意識とくり返しが、安定した軸をつくり、鋭いスイングの基本となる。速い球を打ちたいからこそ、緩い球を打つ。逆転の発想が、強打のチームをつくる秘密なのだ。

小倉全由のセオリー 13

楽しくバッティングをさせる

「いくらいいピッチャーがいても、バッティングのチームをつくります」

それが、小倉監督のポリシーだ。理由も明快。「誰だって、打つのは好きですから」。それには、現役時代の経験もある。当時の日大三は守りのチーム。バッティングは、クリーンアップでも大きい打球を打ったら「大振りするな」と怒られた。求められるのは常に右方向への打球。小倉監督自身も、打っていて楽しくなかったという。

「1対0で勝つのが三高の野球だと言われて、『フライ上げるな。ゴロを打て』。完全にやらされてる練習でしたね」

今の選手たちに、そんな思いはさせたくない。野球は楽しいものなのだ。思う存分、楽しさを味わってもらうには打つのが一番だ。

「監督によっては、『守備はうまくなるけど、バッティングはうまくならない』と言う人がいますよね。自分は逆だな。守備もうまくはなるけど、高校レベルだとバッティングのほうが目に見えて伸びる。伸び率でいうと2倍、3倍にもなります。バッティングは天性のものだともいわれますけど、あきらめることはない」

マシンが発達し、今は打ち込める環境がある。打ち込んでいけば、必ず自分のスイングができるようになるというのが小倉監督の考え方だ。

「プロに行くには器が必要。プロに行けるまでにはならないけど、『素質だから』と言っていたらダメ。4の4は打てなくてもいいんです。高校野球は4の1でいい。全員が1本打てば9本。打ち勝てるんです。金属バットなんだから、芯を食えばオーバーフェンスだってある」

打撃指導で小倉監督がもっとも大切にしているのは、楽しくバッティングをさせることだ。

「難しい理論を教えたって、選手が頭でっかちになるだけ。それよりも、『甘いボールをしっかりスイングして、力強い打球を打て。そうすればヒットになる確率も高いし、相手がエラーもしてくれるよ』と言います。そのためには、中途半端ではなく思い切って打つこと。空振り三振しても、積極的なスイングなら怒らないですね」

打撃練習中、小倉監督は選手によく声をかける。特に声をかけるのは、いい打球を打ったとき。ホームランを打ったときだ。

「いいスイングができたからホームランになる。だからほめますね。『ナイススイング。もう一本、ホームラン打ってみろ』って。そうすると、選手も『自分はホームランを打てる』と自信を持っていく。いいバッティングをしたことを大事にして、ほめることで自信を生み、その積み重ねでバッティングが伸びていくと思います」

日大三で打撃練習を見ていると、どの選手にも簡単にホームランが出るように感じる。選手たちの能力が大きいと思っていたが、小倉監督はこんなことを言った。

「バッティングが伸びるグラウンドとそうでないグラウンドがあるんですよ。例えば、神宮第二球場は打ちやすいですよね。それは、（ゴルフの練習場を兼ねているため）すごくネットが高いから。本当の距離以上に狭く感じるんです。広いと飛ばしてやろうと思って開いちゃうけど、狭いと開かないで踏み込める。思い切って引っぱたける。三高もバッティングが伸びるグラウンド。レフトに高いネットがあって山があるから近く感じるんです。関東一高もホームランが出るグラウンドだった。反対に、平らで先が見えて広く感じるグラウンドでは、バッティングはよくならないですね」

そんな環境も味方につけ、選手たちに「遠くへ飛ばせ。ホームランを狙え」とハッパをかける。いい打球を打てばほめる。

「監督にいいと言われれば、頭でわからなくても、身体で覚えるものがありますよね。一度体験したいい感覚を自分で追い求める意欲も生まれる。監督から押しつけられたスイングをするんじゃなくて、自分で振って、監督の目の前で結果を出してほめられる。それが『打って楽しい』という気持ちにつながれば、それがスタートになるんです」

打撃練習ともなれば、多くの指導者は技術的なことを言い、手取り足取り指導するが、小倉監督はほとんどしない。言うとすれば基本的なことだけ。あとはいい打球を打ったときにほめる。それをくり返す。

「『今の打ち方いいよ』と言ったって、選手はわかんない。『今のどうだ？　ヘッドが顔の前で返った感じがしないか？』と言ってもわかんないですよ。『今のはオレから見て、ひじがうまく回転して、うまくヘッドが顔の前で返ったからあんないい打球になったんだぞ』と言われて、『そうなのかな』っていうところから、『今の打球をもう一回、オレの言ったことをイメージして、頭の中で描いて打ってみろ』と言うと、何かわかったような感じになる。選手はわかりゃしないですよ。でも、『どうだ、今の？』と言ったら、『わかってきた気がします』って。その気にさせてやる。『もうちょっとひきつけて打ってみろ。自分では詰まった感じなのにこんなに飛んじゃったっていうのがあるだろ？』と言ってそうなれば、『監督が言ってるのはこういうことなのかな』となる。そうやって『今のは打てた』という感じをつかんでいく。バッティングは、そこからだと思います」

ホームランを打てたときの感覚、監督にほめられたときの感覚を忘れないようにしようと思うから、選手に「もっと打とう」という気持ちが生まれる。それが、自主練習をすることにつながる。「自分

打撃練習中、小倉監督は選手によく声をかける。技術面は基本的なことのみを話し、いい打球を打ったときにはほめる

の意志で、自分で求めてやってくれると、見ていなくても一生懸命やります」。日大三では、夕食後、寮に隣接された室内練習場にある3つのマシンはいつも取り合いだ。朝も起床時間前に起きて打ち込む選手がいる。やらされるのではなく、自らやるから技術も伸びるのだ。

「楽しいと思えば、あとは数を振ること。それがバッティング向上に欠かせないことですね。今日は多く打ったなとか、少なかったなとかいう感覚ではなく、当たり前に一定の量を打つことが習慣になるまで振ることが大事」

1日何スイングというノルマがあるから振るのではなく、「気づいたらこんなに振っていた」というようになれば、確実に伸びる。そうなるためには、一にも二にもバッティングを楽しむこと。選手たちにいかに楽しく打たせるか。それを小倉監督は心がけている。

小倉全由のセオリー **14**

バッティングは簡単に教える

バッティングを教えるのは難しい。バッティングを教えるには理論が必要だ。そんな考えを100パーセント覆してしまうのが、小倉監督の打撃指導だ。

「自分は難しく言わないなぁ。理論を1時間、2時間平気で話す人がいるけど、そんなに考えてたらボール来ちゃいますよ」

だから、小倉流はシンプルでわかりやすい。例えば、トップのつくり方を説明するときはこんな言い方をする。

「お前らの前に厚いコンクリートのブロック塀があるとするよな。それを打ち砕こうとすれば、どんな格好する？　これから打ち砕いてやるという格好してみな」

そうすると、選手たちは右耳の横からバットを振り下ろそうとする（右利きの場合）。「せーの」と声をかけてやらせると、できない選手は誰もいない。そこで、こう言うのだ。

「そう、それがバッティングのトップの位置。『これから打つぞ』っていう構えだよ。このかたちをつくれれば、みんな打てるんだよ。ボールを打つときはこれができないんだよな」

多くの指導者が頭を悩ませるバットの使い方を説明するときもわかりやすい。

「一番の基本は野球盤。あれがバットの使い方の基本だと思うんですよ。支点があって、真ん中で返してくる。あれを教えるには、まずゴロ野球をやらせるんです。前からゴロを転がして打ってみなと。『グリップ（手首）が支点だよ。そこでポンと返すんだよ。ダメな打ち方はグリップを前に出して押すかたち。どっちが飛ぶ？　ヘッドはこういうふうに使うんだよ』って」

それで納得させたら、次の段階に進む。立ち上がって、ゴロ野球の延長上で説明する。

「今度は『地面と水平に振っていきなさい。へその前でバットを返しなさい』と。そうすると、ひじの使い方、手首の使い方、全部できちゃうんです。よくフォロースルーを大きくって言う人がいますが、それが一番難しい。（フォロースルーを意識するとバットを押し出してしまうため）間違いやすいところだと思います。へその前でヘッドが返って、それで最高のフォロースルーなんです」

スイングをするとき、「ヘッドを立てろ」と言う人が多いが、小倉監督は言わない。「プロが言うのはイメージで、実際に立てたら振れないから」だ。「グリップから出せ」と言う人もいるが、小倉監督はそれも言わない。小倉監督の言う動作をすれば、後ろのひじから出ていく感覚がつかめる。そうなれば、結果的にグリップから出ていくかたちになるからだ。ちなみに、小倉監督はバッティングのコツをノックでつかんだ。

「コーチになってノックを打つようになってから、右ひじの使い方がわかりました。ボールを引きつけて粘って振るのがわかった。自分は現役のとき単打を打つ選手だったんですけど、それからは打っても飛ぶようになった。『現役のときにこのバッティングができてれば……』と思いましたね。ノックのうまい人はバッティングもよくなります。ヘッドをうまく使わないと飛ばないし、軸で振らないと飛ばない。こればっかりはごまかしがきかないですから。自分のひじの使い方、ための使い方は、ノックを打ったのが一番の基本になっていると思います」

感覚をつかませるため、ときには選手にノックを打たせることがある。手首はこうしろ、ひじはこう使えなど細かいことを言わなくても、自然と正しいスイングのかたちになるように持っていく。気づいたらできるようになっているのが、小倉監督のやり方だ。

「ポイントをもうひとつ前でとか、グリップを何センチどうのこうのとか言う人がいるけど、自分は難しい理論は言わないですよ。難しく言うのを理論だと思ってる人がいるようですが、自分は簡単に誰でもできることを教えて、『ほらできるだろ』って持っていく。自分のやってる野球は理論じゃないんです」

ちなみに、打撃指導の際、小倉監督は下半身からではなく、上半身から教える。

「よく下の回転をどうのこうのと言う人がいるけど、なんでそんな難しいことを言うのか。そんなこと言わなくたってできるじゃんって」

下半身が大事なのは間違いないが、そこを言いすぎると簡単にできるはずの上半身のことができなくなる。あれもこれも、言わなくていい。

「イスに座ってバットを振らせることもします。そしたらバットを前に流していかない。なまじ足で踏ん張って振ると、下の力を使って勢いで振っちゃうから正しいスイングができないんです」

バッティングはプロでも3割で一流という世界。打つのは難しいのだ。難しいことを難しい言葉で難しく説明しても、わかるわけがない。難しいことを簡単な言葉で誰にでもわかるように説明するのが小倉流。シンプル・イズ・ベストこそ、小倉監督の教え方なのだ。

「バットを地面と水平に振って、へその前で返しなさい」。小倉監督のバッティング指導はシンプルでわかりやすい

小倉全由のセオリー 15

意識しなくてもできるまで振らせる

素振りだけで最低500スイング。

基本的にはフリー打撃やティー打撃などボールを打つ練習が多いが、冬の強化合宿や夏の甲子園に出られないときの夏休みなどの強化期間には、徹底した素振りを行うのが小倉流だ。夕食後に室内練習場で1時間から2時間かけて振り込む。

ストライクゾーンを内角高め、真ん中高め、外角高め、内角真ん中、ど真ん中、外角真ん中、内角低め、真ん中低め、外角低めの9コースに分け、1か所10スイングを3セットするのがウォーミングアップ(これに右打者なら左で振る逆振りも入れる)。このあとに、歩いてからのスイング、ステップしてからのスイングなどを3往復程度するのが定番だ。

「動きを変えてスイングすると、止まって振るときにはできなかった動きが自然とできるようになるんですよ。右バッターが右足にためるのは難しいですけど、歩くことで左足を前に出すと、自然とためることができて、基本のかたちができます。左足が出るときの間と右手の残りですよね。頭ではわかっていても、身体で覚えなきゃいけない。なので、その動きができる状態をつくると、選手もわかりやすいんです」

強化合宿中は毎日これをくり返す。ときには600スイングにもなるが、それだけの数をこなすのは、正しい動きを身体に染み込ませるためだ。

「選手たちには、『バットスイングは自分のためにやるもの。自分で意識しなくてもバットが思うように振れるまで振れ』と言います。そのときによく例に出すのは、食事の話。『ごはんを食べるとき、箸を使うだろ。そのとき、箸で食べ物を口に運ぼうと思って食べる人がいるか？　自然と動いてるだろ。1歳や2歳の子は口のまわりを汚したり、こぼしたりするけど、そこから始まって自然と最短距離で口まで運ぶようになる。バットスイングも、無意識に動くぐらいになるまでやらないとダメだぞ』と」

バッティングは素材だ、と簡単に言ってはいけない。小倉監督だから強力打線になるわけでもない。強打のチームは、それだけの練習量をこなしているのだ。

「やっぱり、練習しないとダメだと思う。何回も何回も、回数をやらないとダメですよ。投げるのも、振るのも、守るのも。バッティングをよくしたいなら、バットを振ることが一番。数を振ることで体力もつく。自分はそう思うな。やって初めてうまくなる。指導者は、やってうまくなったというのを感じさせなきゃダメですよね」

何もしないで結果が出るほど甘い世界ではない。やった者が勝つのだ。小倉監督の座右の銘は『練習は嘘をつかない』。ピアニストの中村紘子の言葉だ。

「日々努力すれば、その成果は間違いなく自分に返ってくる。練習をやれば自分がうまくなる。やらなければ下手で終わる。自己責任ですよね」

本気で練習をやれば必ず結果が出る。それをわかっているからこそ、小倉監督は強制的に振る時間を設けている。

「バッティングをよくしたいなら、バットを振ることが一番」と、小倉監督は強制的に振る時間をつくり出す。そこに、強力打線誕生の秘密がある

小倉全由のセオリー 16

不振の選手にはワンバウンドの球を打たせる

大会では、必ずといっていいほどハマってしまう選手が出る。

それが、トーナメントの短期決戦だ。どれだけ周りの選手が打っていても、実力があっても、まったく打てない選手が出てしまうのだ。こうなると、大会中に修正するのは難しい。多くの指導者が「そうなったら終わり。どうしようもない」と言うが、小倉監督は違う。秘策があるのだ。それは、ワンバウンドのボールを打たせること。

「自分がワンバウンドを投げて、ティーバッティングをさせるか、マシンでワンバウンドをセットして打たせます」

日大三の室内練習場は人工芝。そのため、ワンバウンドにセットしても、毎回同じような場所にボールが来る。

「ワンバウンドだと絶対にボールを見ますよね。打てないヤツって、まずボールを見てないんです。見えてない。だからワンバンにする。ボール回しでも、ワンバンを投げてやるとよく見るようになるでしょ。ワンバンだったら絶対見ます。見て打てば、前の肩を開いて打つバカはいないですから。難しいことを言わなくてもいい修正法だと思います」

この練習で生き返ったのが2018年夏の甲子園で4強に進出したチームで五番を打った中村奎太。秋の東京大会は不振でスタメンを外れたが、準々決勝の帝京戦の前にこの練習をすると、その試合で本塁打。準決勝の日大豊山戦でも三塁打を放つなど復調した。

ワンバウンド打ちに加えて、小倉監督にはもうひとつ秘策がある。それは、空振りだ。

「マシンの緩いボールを空振りさせるんです。ボールが来てないのに空振りしちゃダメですよ。ボールが来たのに、最高のタイミングで空振りするんです。そうすると、タイミングが合わないことはない。絶対にタイミングが合いますよ」

いつも打っている真ん中カーブだけに、空振りするのは意外と難しい。

「『打てなくていいから、ボールが来たら空振りしろ』と言うんですけど、初めはバットに当たっちゃうんです。『空振りだ、バカヤロー』と言って空振りさせる。空振りするとボールを追っかけることはしない。そうやって、何本か空振りさせたあとに、『いいか、今のスイングを絶対崩すな。ベルトにしかボールは来ないから、それで打ってみろ』と言ったらオーバーフェンス。『それだよ』って。

自分はそんな教え方をします。そのときに『グリップがこうだよ』なんて言ってるのはダメですね」

　バッティングで大事なのはタイミングだ。だが、試合になると、どうしても空振りを嫌がり、当てにいってしまう。結果的に、自分のポイントまでひきつけることができず、フォームを崩してしまうのだ。打てなくて精神的にもきつい状況の選手に、技術的なことを言っても直すのは難しい。細かいことは言わず、簡単な方法で自然と修正できるようにする。教えていないようで修正してしまう。それが、小倉監督のやり方なのだ。

小倉全由のセオリー 17

楽しくなるまでトスバッティングをやる

投げ手にきれいにワンバウンドで返す。

多くの学校でトスバッティングを観るが、日大三の選手のうまさには目を引かれる。その理由は、小倉監督がトスバッティングを重視しているからだ。

「トスは、野球を一番小さくしたものだと思うんですよ。投げて、打って、捕る。ランナーがいないだけ。だから大事にして一生懸命やります」

日大三のトスバッティングは3人一組が基本。打者は2人いる守備者のどちらかを狙ってワンバウンドで返す。

「自分で狙っている方向に打ったり、左右交互に返したり、右に2本返したら左に2本返すなど、自分たちで盛り上がるようにやっていけ、うまくなればそれができるんだと言っています」

守備者にワンバウンドで返すことは、手先でバットを操作すればできてしまう。だが、それでは打者の練習にならない。あくまでも、打つ練習の一環というのを忘れてはいけない。

「ちっちゃい流れの中にも（右打者なら）右にねじって重心移動をする。右に乗せて、腰が回転していって左に移って、最後にバットが出てくる。この体重移動を教えながら、あとはひじ、手首でうまくバットをコントロールして、その距離で一番捕りやすい打球を返す。しっかりボールをとらえて、捕りやすいスピードで返せるか。ただチョンと当てて返すのはダメ。ヘッドを返していい打球を返すトスをしなきゃダメだよと言います」

狙った場所に打球を落とすことができれば、必ずバッティングもよくなる。もちろん、守備者もただ捕って投げればいいわけではない。

「1球1球足を使って捕りに行って、投げる方向にしっかりと前の足をステップして投げる。これをやれば守備もうまくなる」

距離が短いだけに、ごまかそうと思えばいくらでも適当にやってごまかせる。そういう選手に限って守備者を大きく越える〝ホームラン〟を打ってしまう。ちゃんとやるためには集中力が必要なのだ。だが、選手たちは気が抜けない。なぜなら、小倉監督がいっしょになってやるからだ。

「『まだオレのほうがトスはうまいな』って言いながらやりますね。監督が入れば気が抜けない。気が抜けないなかでうまくなる。だからって、監督が来なくてよかったというレベルじゃダメ。監督とやって楽しいと思えないと」

守備者がストライクを投げ、打者は一定の場所に返す。うまくなればリズムもテンポもよくなってくる。

「ただ数をこなすんじゃなくて、3人なら3人できついながらも楽しくやらなきゃダメ。打つほうは守ってるヤツをいじめる。守るほうは必死に守る。『ちくしょー』と思えば攻守交代してやり返す。そういう意欲とかやる気が出てこないと」

毎日のトスバッティングをいかにムダにしないでやれるか。「トスバッティングが好き」と言う小倉監督。10対0で勝つ豪快な野球を理想とする指揮官だが、地味で簡単な練習を大事にしているのだ。

小倉全由のセオリー 18

重いバット、長いバットでスイングする

なぜ、日大三の選手はあれだけバットが振れるのか。スイング量に裏打ちされているのは間違いないが、振れるようになるために小倉監督が取り入れているのが、1100〜1200グラムの重いマスコットバットを使ってのスイングだ。

「パワーアップのためでもあります。ただ、重いバットだけでやっているとヘッドの走りがわからなくなるんです」

重いバットだけでやっているとヘッドが下がり、悪いスイングになってしまう。そこで重視するのが、マスコットバットと普通のバットを交互に使いながらのスイングだ。

「交互にやることで、普通のバットでのヘッドの走りがつくれるんです」

重いバットを振ったあとに900グラムの通常のバットを使うと軽く感じるため、ヘッドスピード

を感じることができる。合宿中は毎日行うストライクゾーン9ポイントを振る素振りの時間では、2人組をつくり、30スイングごとに普通のバットとマスコットバットを交換して振るようにしている。

重いバットでいえば、マスコットバットではなく、通常のバットに400グラムの重さのリングをつけてのスイングもする。

「リングをつけて振って、リングを外して振ってというのも何回もくり返してやります。これもヘッドスピードを感じさせるためですが、マスコットを振るのとは違います。マスコットはズドンという重さだけど、リングをつけたバットはヘッドに重さがつくのでマスコットよりも重く感じる。その分、リングを外したときに、バットが身体に巻きつく感じ、ムチでひっぱたくような感覚を覚えられるんです」

リングをつけてのスイングは、中日の落合博満元監督が選手に徹底してやらせた練習法。これを当時中日の選手だった、教え子の都築克幸から聞いて取り入れた。

「リングをつけてガンガン振って、リングを外してガンガン振る。都築は、汗が出きっちゃって、脱水の状態でバットが手から離れないようになるぐらい振らされたと言ってました」

また、普通のバットでティーバッティングをして、力強く振れるようになったら1メートルある長いバットでスイングをする。1500グラムの重さもあるため、しっかり下半身を使って軸をつくらなければ振れない。これによって、ぶれずに振れる力をつけていく。

「長いバットはきついですよ。1年生は最初からはやれない。段階があります。まずは上級生のティーバッティングを見せて、『こうなるまで振らなきゃダメだよ』と、バットスイングがどれだけ必要かを感じさせる。最終的には、長いバットが当たり前にガンガン振れるぐらいまで振らせますね」

重いバットでのヘッドスピード向上と、長いバットでの軸づくり。連続ティーをやる際も重いバット、長いバットの両方を使い、飽きさせない工夫をしながら、スイング力アップにつなげている。

第3章

選手を育てる

小倉全由のセオリー 19

失敗した選手にこそチャンスを与える

まさに、負の連鎖だった。

2001年センバツ3回戦の東福岡戦。セカンドの都築克幸（元中日）を悲劇が襲った。1対1で迎えた5回。都築はライナーを落球したのに続き、一、二塁間に飛んだゴロをファンブル。最後は併殺を焦って一塁に悪送球した。このイニングだけで3失策。5失点のビッグイニングを招き、3対8で敗れる原因になった。

「もともと守備に自信はなかったんですけど、ひとつのエラーでまっ白になりました。気持ちに余裕がなくなった。飛んでくるなと思いましたし、ランナーの足が速く見えました」（都築）

自分のせいで負けたと泣きじゃくる都築に対し、試合後、小倉監督はこう声をかけた。

「いい勉強したと思えばいいじゃないか。夏に向かって一からやり直そう。練習して、夏に優勝すればいいんだ」

小倉監督が就任する以前は守りのチームだった日大三。大会後はOBから数々の批判を受けた。

「なんであんなヤツを使うんだ。あのエラーがなければ勝ってた試合だ。あいつを使っている限り勝てない」

だが、都築は不動の一番打者。東福岡戦でも三塁打を含む2安打を放っている。小倉監督はこう言ってかばった。

「今まで、あいつが打って勝った試合がいくつもあるんです。あいつは外せません」

一方で、都築本人には厳しかった。全体ノックでは都築にばかり集中して打つ。あえて捕れないところに打つこともあった。「今日は軽いノックで終わるぞ」と言っても、都築だけはユニフォームが上から下まで真っ黒。サードの野崎将嗣にセカンドを守らせ、「お前の守るところはない」と言うこともあれば、エラーをしたあと、「またお前で負けるのか。いらねーから、どいとけ」と練習から外すこともたびたびだった。

「ふざけんなよ。なんでオレだけ怒られるんだよと思いました。精神的につらかった。やめようかなと思ったこともあります」（都築）

それでも、都築は食らいついた。一塁ベースや二塁ベース上の捕れない打球にも飛び込んだ。「足が動かなくなりそうでした。もう一回やれと言われたら無理」と言うほど、自分自身を追い込んだ。

そして、夏。都築はたくましく生まれ変わった。

東福岡戦がうそのように、西東京大会は6試合無失策。打撃でも17打数12安打、打率・706と大当たりした。甲子園では1回戦の第一打席から6打数連続安打。2本塁打を含む28打数16安打の打率・571の猛打で優勝に貢献した。守備でも6試合でわずか1失策。決勝の近江戦の9回二死、最後の打球を処理したのも都築だった。小倉監督は言う。

「失敗したからこそ強くなれるんです。一回の失敗で外すことはしません。失敗を絶対マイナスにさせない。叱りはするけど、同時に『やらなきゃ』というような言葉を付けてチャンスにします。もちろん、裏切られることもありますけどね。都築に限らず、練習中に怒って『お前なんか合宿（寮）出すぞ』と言いながら、出したことはない。情をかけちゃうんですね。結果が出ない選手もいますけど、みんな頑張ってくれていますから」

都築への接し方は厳しかった。だが、それだけつらく当たったのは、都築のことを信頼し、期待しているからこそ。「オレがお前を引っ張っていってやる」という意志表示でもあった。選手は指導者の期待するようにしか成長しない。逆に言えば、指導者が「もっとできる」と言えば、それに応えて成長するのだ。当初は大学進学を予定していた都築だったが、夏の大会の活躍でプロから指名される選手になった。

「ノックしていておもしろかったですよね。絶対に捕れなくても飛びつく気持ちがあるヤツは伸びる。

ガンガンやりましたけど、あいつはそれに男気を感じてついてきてくれましたね」

失敗しても、信頼し、チャンスを与える。失敗を大きく成長するチャンスに変える。失敗から大きな宝物を探し出すのが小倉監督なのだ。

小倉全由のセオリー **20**

ときには突き放す

「てめえらみたいなチーム、甲子園へ行くなんてとんでもねえ」

2004年の夏のこと。西東京大会決勝進出を決めたというのに、小倉監督は怒っていた。準決勝の都立昭和戦の内容が気に入らなかったからだ。相手は特別な特徴もない投手。球速もない。「いつでも打てる」という思いから、日大三の選手たちは自然と振りが大きくなっていた。3対1で勝ったものの、打線は7安打。2点リードの9回表には一死一、二塁から一番打者にセンター前ヒットを打たれた。二塁から本塁を狙った走者の判定はアウトだったが、セーフと言われてもおかしくないタイミング。運にも助けられた。ふがいない試合、相手をなめた攻撃が小倉監督の逆鱗に触れた。試合後、珍しく報道陣の前でこうこぼしている。

「こんな野球をやっているようじゃダメですね。自分の打撃ができていない。低めのスライダーが見極められない。神宮でのびのび打てないようじゃ情けない。9回のバックホーム？　あれがセーフなら今頃は下向いて『ミラクル都立』の見出しをつくってましたよ（笑）」

この試合、安打数は昭和の10本に対し、日大三は7本。内容では完全に負けていた。

「右のスライダーにくるくる回って。あのときは、神宮からずっと怒って帰ってきたんです」

いつもは怒りを引きずらない小倉監督だが、このときは違った。翌日になっても怒っていたのだ。西東京大会は準決勝と決勝の間に空き日がある。決勝前日の大事な練習日だが、小倉監督はこう言って3年生たちを突き放した。

「オレはお前らとは練習をやりたくない。2時間なら2時間であがっていいから、自分らで決めろ。勝手にやれ」

小倉監督は新チームに向け、1、2年生と練習。その練習を終え、合宿所にあがってきたときだった。先に練習が終わり、決勝のためにビデオを見ていた3年生たちがこう言ったのだ。

「監督さん、相手ピッチャーのクセがわかりました」

決勝の相手は穎明館。けん制に自信を持っている左投手の山田貴大だった。だが、クセを見破った日大三は2回無死一塁の場面で千田隆之が盗塁に成功。5回には鈍足の佐々木大輔が二盗、江原真輔が三盗を決めた。山田は簡単にモーションを盗まれたことでリズムを崩す。終わってみれば、16安打で11対3の大勝だった。

決勝前日の〝監督ボイコット〟について、セカンドの中山怜大はこう言った。

「準決勝は『まさか負けないだろう』と油断した。名前で判断してしまいました。監督さんは『相手がどこかは関係ない』と言ってたんですけど。監督さんが練習に出なくて、見放されたような感じはしました。でも、あれで『明日勝つためにはどうしたらいいか』と全員がひとつになった気がします。決勝は逆に、監督さんを見返すぐらいの気持ち、胴上げしてやるぐらいの気持ちでいきました」

結果的に荒療治が功を奏したかたちになったが、小倉監督はこうふりかえる。

「あんなことは初めてでしたね。てめえら、なめんじゃねえって。ダメなもんはダメ。怒ってなんとか奮起させようということじゃないんですよ」

監督の言うことに耳を貸さず、一発を狙い、自分勝手な打撃をしていた選手を見過ごすことはできなかった。いくら実力があっても、そんなことをしているチームは勝てない。目の前に甲子園があっても、ダメなものはダメだと教える。それが、小倉監督なのだ。

小倉全由のセオリー 21

1年生に上級生との差をわからせる

1年生のレギュラーが0人。

関東一、日大三を通じ、小倉監督が率いたチームで、これまで夏の大会でレギュラーを獲った1年生は1人もいない。近年は中学生のときからメディアで派手に取り上げられ、〝スーパー中学生〟、〝スーパー1年生〟という活字を目にする機会が多くなったが、小倉監督の下では皆無だ。

「1年だから使わないって決めてるわけじゃないです。ずば抜けた1年生が来ればいいんですけど。ウチなんかだと、4月に入ってきたときには、どう見たって1年間練習やってる上級生のほうが強いんですよね。ヘッドスピードを見ても上級生のほうが速い。やっぱり、1年間って違うなというのが正直なところ。(レギュラーにするかどうか)迷った選手もいないですね。センバツに出て、センバツのメンバーが外れて春の大会に1年生が入るチームがあるけど、『今までやってきた上級生はなんなんだよ』って思っちゃうなぁ。それでどうやってチームをつくれるのかなって。その子がそれだけいいっていえばそうなんだろうけど、自分にはできないですね」

新入生と上級生の差は多くあるが、中でも小倉監督がもっとも感じるのが体格の差だ。特に入学直後は、あえて上級生の身体や体力的なすごさを見せるようにしている。トレーニングをするときも、先輩が3分間やるところを1年生は1分間か1分半だけ。残りの時間は上級生がやるのを見学させる。毎日の寮生活で上級生といっしょに風呂に入るため、嫌でも先輩との身体の違いはわかる。そうやって、上級生のすごさを実感させるのだ。

「ウチのヤツらは練習やってよくなってくれてますからね。1年間バットを振って、1年間トレーニングをしていけば自分もああなれるんだと、わからせるんです」

いくらスーパー1年生と騒がれても、入学直後から試合に出ていれば慢心が生まれる。「オレは試合に出られるんだ」という気持ちから、努力を怠るようになる。いくら能力があっても、伸びるものも伸びなくなってしまうのだ。あえて上級生との差をわからせることによって、「練習をやらなきゃ」という思いにさせる。それと同時に「練習をやれば、自分もああいうふうになれる」という思いにもさせる。どれだけ評価し、期待している選手であっても、簡単にレギュラーにはしない。それが、小倉監督のやり方なのだ。

小倉全由のセオリー **22**

いい人間をつくって勝つ

野球は思いやりのスポーツだ。

例えば、無死一塁の場面。痛烈なサードゴロを三塁手がダイビングキャッチしたとする。すぐに投げればダブルプレーが取れるタイミングだ。だが、強い当たりであるがために二塁手のベースカバーが遅れている。このとき、三塁手はどうすればいいのか。

ダブルプレーを狙ってすぐに投げ、「セカンド、おせーよ」と文句を言うのか。ダブルプレーはあきらめ、ベースカバーに入るセカンドを待って送球するのか。そこに、人間性や思いやりがあるかどうかが表れる。もちろん、小倉監督が求めるのは、思いやりのあるプレーだ。

それには、自身の経験が影響している。小倉監督は学生コーチをしていた20歳のとき、父親を交通事故で亡くしている。病気ひとつしたことのない丈夫な父親の命を奪ったのは、相手の飲酒運転。対向車がセンターラインを越えてきての正面衝突で即死だった。

「寮のコーチ部屋で横になってるときに家から電話があったんです。帰って座敷に寝かされている親父を見たら、胸が動いているように見えるんですよ。『なんであの親父が死んじゃうんだ』って思いましたね。家にもほとんど帰らず、親父に連絡もしないで野球ばっかりやってた。もっと連絡しておけば……」

そんな想いで迎えたお通夜。相手の運転手の両親が線香をあげに来た。その姿を見た小倉監督は、2人の兄とともに血相を変えてこう言った。

「お前のせがれがウチの親父を殺したんだ！　せがれを連れてこい！　殺してやるから」

その直後だ。わめく3兄弟を母親がこう叱りつけた。

「これが反対だったらどうするんだ！　私が線香あげに行くんだよ！」

母親は文句を言うどころか、相手の両親に「お線香をあげに来てくれてありがとうございます」とお礼を言っていた。

「自分たちは下を向いて涙を流していました。亭主を殺されたのに、『ありがとうございます』と相手の行為に頭を下げている。そんなこと、今の自分でも言えるかなと」

あのときに感じた母の思いやりが今も小倉監督の心にある。

「今の父兄は自分の子どもにちょっと何かあるとすぐに『ウチの子がいじめられた』とか言うんです。

やったほうの親が『ウチのバカなせがれが余計なことやって申し訳ありません』と言って、やられたほうの親が『ウチの子も悪いところがあるんです』と言って、両方が一歩下がった人間関係ができれば、和が崩れることはないんですけどね」

思いやりは、野球にもつながる。プレーに活きる。そう思って指導してきた。小倉監督にとって、忘れられない出来事がある。2010年の春の関東大会でのことだ。茨城県開催だったため、開会式後、選手たちを水戸の偕楽園に連れていった。見学を終え、出たところに大判焼きの店があるのを見つけた小倉監督は、3年生に先にバスへ行くように指示し、下級生と大判焼きを買ってバスに戻った。すると、偕楽園に隣接する常磐神社の階段の上で、杖をついた老夫婦に声をかけられた。

「『今の選手たちの先生ですか?』と言われたんです。これは『何かやっちまったかな……』と思ったら、『今行った子たちが、階段の下からここまでおんぶして上げてくれたんですよ。今の学生にこんな子がいるんですか』って。びっくりしましたよね。自分は、自分のばあさんをおんぶしたり抱っこしたりしたことはあっても、よそのおじいさんやおばあさんをおんぶしたことなんてない。自分が言ってる以上にやってくれてたんです。『お前ら、偉いなぁ』ってほめましたよ」

このときから約2か月前に行われたセンバツで準優勝した3年生。甲子園での活躍にもおごることなく、やさしい心を持った選手たちの行動は、小倉監督の心に染みた。

「常に周りを見て、困っている人たちに手を伸ばすことのできる人間。こういう人間が集まって、初めて強いチームができるんだなと思いましたね」

05年夏の甲子園でベスト8に進出したあと、3年間甲子園から遠ざかった。09年夏に4年ぶりに甲子園出場を果たしたものの、2回戦敗退。10年春は、小倉監督にとって日本一になった01年夏以来、久しぶりに甲子園で勝ち上がったチーム。その選手たちが、監督の期待や想像を大きく上回る思いやりのある行動をしたのだ。

「OBの中には勝手な人がいるんです。『小倉、お前はいい子をつくりすぎる。ちょっとぐらい悪いヤツがいないと全国優勝なんてできるわけないぞ』って簡単に言うんですね。でも、自分は言いたい。『いい子をつくって何が悪いんだ。いい子で優勝して何が悪いんだ』って。中には飛び抜けた（能力のある）ヤツらが集まって、どうしようもないヤツらで勝つ学校もありますよね。それが勝負というもの。でも、そんなのは求めちゃダメ。だから、選手にも言います。『日本の高校野球は、一生懸命やる熱いヤツらで、いいヤツらの集まりで勝たなきゃダメなんだよ』って」

いい子は勝負師になれない。やんちゃな子のほうが大舞台で活躍する。勝負の世界ではよく聞く話だ。だが、果たして本当にそうだろうか。周囲から愛されないやんちゃな人間の集団で勝つより、周囲から愛されるいい人間の集団で勝つほうがいいに決まっている。

「ああいういいヤツらだから勝てたんだ」

全国にそう発信できるように、小倉監督は常にいい子たちで勝つことを目指している。

小倉全由のセオリー 23

冬合宿で限界に挑戦させる

「明日が来るのが怖い」

「寝たと思ったら朝になる。朝が来るから寝たくない」

選手たちがそう言って恐れるのが、日大三の冬合宿だ。小倉監督が関東一の監督に就任した当時から続いている名物練習。例年、2学期の試験が終わった12月14日から始まり、12月28日の朝練習まで15日間行われる。

「正直言って、冬の強化合宿は年々やりたくなくなるの。あんなに朝早く起こして事故でもあったら……って思うじゃないですか。でも、あれをやらないと選手たちが強くなったと感じられない。それを感じさせたいからやりますよね」

朝は5時に起床。5時半に室内練習場でウォーミングアップを開始し、6時からはグラウンドで12

分間走。さらに綱のぼり、ゴム跳び、丸太を持ってのランジ、踏み台昇降、スライドボードなど3分間1セットの16種類のサーキットトレーニング、ダッシュと続き、ようやく8時半に朝食を迎える。寮内のそうじをした後、グラウンドに出て打撃練習。昼食をはさんで、また打撃練習。補食を摂った後、18時半の夕食の時間まで延々とノックが続く。夕食後は室内練習場で1時間のバットスイング。21時半に就寝となる。

6時から21時までという時間もさることながら、選手たちが1日に振るスイング量は最低でも1000回。夕食後だけで500回だ。小倉監督、三木部長、白窪コーチらで手分けして行うノックでは、小倉監督が打つ量は2時間で500球を数える。しかも、打つのは捕れるか捕れないかのぎりぎりの場所。選手たちは全力で追いかけ、飛び込む。息をつく間はほとんどない。

朝練は3勤1休。4日に一度ゆっくり寝られる日がある。12月24日には疲れを忘れさせるクリスマスパーティーもあるが、選手たちにとっては〝地獄の2週間〟だ。

なぜ、こんなきついことをやろうと思ったのか。それは、小倉監督自身の経験にある。小倉監督が高校生だった頃、日大三では年末年始の12月28日から1月7日にかけて静岡・伊東でキャンプを行っていた。日大三がセンバツで準優勝した1962年から続いている伝統行事だった。

「世間が休んでいるときにも、三高は練習やってるんだという感覚ですね。自分はその合宿に1年生で選ばれて行ったんです。練習をやって帰ってきたら、自分たちのグラウンドでやる練習が楽になったんですよ。あの合宿で自分なりに強くなったという感覚がある。だから、自分が監督になって、選手たちにそういう思いをさせなきゃダメだよなと思ったんです。きついのを乗り越えて自信に変える。だから、監督1年目から強化合宿をやるようにしてるんです」

いったん始まってしまえば逃げられない。覚悟がいる。だから、小倉監督は冬合宿前日、選手たちにこんなことを言う。

「『明日からの朝練が怖い』でも、『小倉、なんでこんなことやらすんだ』でも、なんでもいい。今の自分の気持ちを正直にノートに書いておけ」

1日1日を乗り越えていくことで、自分自身の心境にどんな変化が起きるのか。それを知るために記録させるのだ。さらに、こう言って覚悟を決めさせる。

「12分間走でも、抜いたかどうかは自分が一番わかる。『監督に怒られるから』とやるんじゃ意味ないぞ。自分の気持ちで動くこと。手を抜いてやっても、目いっぱいやっても、しんどいのは同じ。同じしんどいなら目いっぱいやれ。2週間やり遂げたという気持ちからの涙を流そう」

いかに〝やらされる〟を〝やる〟に変えられるか。選手たちにとっては、それが一番難しい。

「3日たつと身体が動かない。最終日を迎えられるか不安になる。それが、中日になると身体が慣れてくるんです。中日になって選手に『どうだ？　ゴール見えるか？』と訊くと、『監督さん、全然見えません』と言います。なので、そのへんから『最終日の練習を夢見て寝ろ』って言うんです」

日に日に疲れはたまってくる。身体が動かなくなってくる。自分に負けそうになる。そこからが本当の勝負。特に終わりの見えたラスト3日が大きな意味を持つ。

「最後の3日になって、自分で決めた目標を確認させます。一生懸命やろうって決めたなら、自分に正直に最後まで頑張れって」

小倉監督が選手たちに言うのは、こんなことだ。

「これまでで、どっか手を抜いちゃった自分がいたら、この3日間で挽回しろ。それが自分に正直ってことだぞ。自分に正直っていうのは、人の財布を盗らないとかそういうことじゃない。自分で決めた目標を最後までやり抜く。自分にうそをつかないってこと。それが自分に対する正直者だ。力を抜いた自分がいても、自分にしかわかんない。挽回しないと、最終日、最高の涙は流せないぞ」

そうすると、最後の3日間、選手たちの目がギラギラしてくる。体力の限界を超えて、チャレンジするようになる。最終日を迎える頃には、選手たちは心身ともに別人のようになる。

「27日の夜、『明日の朝練で終わりだぞ？　どうだ？』と訊くと、それまで『寝ることが怖かった』『寝たら明日の始まりだ』と言ってた選手たちが、『早く明日になんないかな』ってなるんですね。絶対成し遂げたいっていう挑戦的な自分になるんです。頑張ったら最高の涙を流せる。頑張ったからこそ、強くなったという達成感が味わえるんです」

最終日の朝。朝日を浴びながらの80メートル10本のダッシュが最後のメニュー。ラストが近づくと、グラウンドに流れる曲がその代のテーマソングから、ゆずの『栄光の架橋』へと変わり、最後は外野から内野に向かって駆け込み終了。ゴールした瞬間、選手たちは抱き合って涙を流す。

「初めて甲子園に行った関東一高の連中は今でも朝練の話をして涙しますよ。ゴールに入ったら涙を流して抱き合う。あの光景は昔も今も変わらない。今の子どもは根性がない、頑張りがきかないと、大人は簡単に言い過ぎる。今の子も、教えてやれば挑戦的な自分に変わってくる。頑張る心も我慢する心も育つんです。やりきったという最高の涙を流すって、こんなことなんだとわかってくれる。強くなってくれる」

あれだけのことをやりきったんだという事実が、自信になり、心の支えになる。85年夏の関東一のエース・木島強志は、3回戦の日立一戦の当日、39・5度の熱がありながら5安打8奪三振で完封勝利を収めた。なぜ、そんなことができたのか。木島はこう言っていた。

「熱で頭が割れそうだった。気持ち悪かったし、ボーッとしてました。普通の人じゃ投げられないと思いますけど、自分は冬場の朝練があったからやれると思ってました。『まだ走るのかよ』っていうぐらい走って、我慢強さはありましたから」

今の日大三の選手たちも同じだ。「あの合宿があったから今の自分がある」。オレたちは、これだけのことをやりきった。全国のどこよりもきつい練習に耐え抜いたんだ。苦しいときに思い出すのは冬の合宿のこと。「あれだけのことをやってきたんだから、絶対負けるわけがない」。その気持ちが、夏の大会での粘り強さにつながっているのは間違いない。

「『なんでこんなことをやらなきゃいけねーんだ、きつい練習をやらされた』で終わったら、嫌な練習になる。そうならない雰囲気は指導者がつくらなきゃダメ。『あの達成感がたまんねーんだ』ってなれば、絶対に力を抜かない。一生懸命やる練習になるんです。2週間の中で選手たちは、自分の成長を自分が一番感じるんじゃないかと思います。あの強化合宿が、ウチのチームの土台になっているように感じます」

自分が思っている限界は限界ではない。思っているより、もっと先に限界はある。人間には、自分が思っているよりもはるかに大きな能力が備わっているのだ。それを経験する場が冬合宿の2週間。冬を越えるたびに、選手も日大三も強くなる。

小倉全由のセオリー **24**

得意なことを認めて存在感をつくる

レギュラーに限らず控え選手も、表情がいい。それが、日大三の選手の特徴だ。

甲子園常連校でも必ずといっていいほど死んだ目をしている選手がいるものだが、なぜ、日大三の選手たちは〝いい顔〟になるのか。それは、小倉監督が一人ひとりを認めているからだ。

「バッティングだけ、守備だけ、足だけ……。何かひとつでも秀でるものがあれば、それを戦力にしていきます。野球は27個のアウトを取りますが、全部をひとりでアウトにするわけじゃない。ゲームの中でいくつその子に飛ぶんだ？　という確率を見たら、打つから使うよという考えもありますよね。いいところは最大限に使ってもらって、劣っているところは頑張ってなんとか並までもっていってもらうように、こっちも力を貸す。いいところを認めて『お前はこれができればいいよ』と、監督はそう納得して使えばいい」

全国から好選手が集まる日大三とはいえ、3拍子そろう選手ばかりではない。それぞれの特徴を認めて、周りもそれを理解することが大事だ。

「得手、不得手があるんだから、得意とするところを目いっぱいやってもらって、弱いところは周りが補う。人間も社会も、それがいいと思うんですよね。人が失敗したら、『ほら、みろ』じゃなくて、みんなが手を差し伸べて助けていく。大人も子どももみんないっしょだと思う。『オレの悪いところを助けてくれてありがとう』とみんながお互いに認めていけば、いい組織はすぐにできると思います」

そうはいっても、難しいのがベンチに入れない控え選手たちだ。強豪校の場合、自信と希望をもって入学してくる分、結果が出ないとくさってしまう選手が少なくない。「そんなヤツらにかかわるのは面倒だから」と、ベンチ入り以外の選手を相手にしない指導者もいるが、小倉監督はそうはしない。そこには、関東一で野球から離れた4年間のことがある。娘をスイミングスクールに連れていき、その指導を見たときに気づかされることがあった。

「子どものレベルに合わせて手取り足取り教えていたんです。娘は顔を水につけられなかった。そしたら、コーチがおもちゃを沈めて『2人で取りに行こう』と恐怖心をなくしてくれた。そのうちに背泳ぎができるようになったんですよ。あれこそ、指導の原点。甲子園出場が当たり前になってくると、恵まれてることを忘れちゃう。ボールを投げられない選手は『下手くそ。お前はダメだ』って、いいところを見てもらえなくなるんです。ハッとしました。自分はこういうふうに教えてないなって。感謝しましたね」

だから、どんな子どもであっても長所を探してほめる。野球のことでなくても構わない。必ずいいところを見つけてやるのだ。

「雪が降ってサッカーをやらせたりすると、うまくて認められることがあるんです。野球じゃ光らなかったのに、サッカーがうまいからチームの中で存在感が出てくる。要は、自信をつけさせてやるということ。なんでもいいと思うんです。カラオケで『歌うまいな』と言ったら、それが存在感になるわけだから。いろんなことをやらせると、『こいつ、こんなところもあったのか』というのが出てくる。そこでその子に自信を持たせていく。それが一番だと思います」

たとえ野球以外のことであっても、ほめられればうれしい。監督に認められることで、表情も変わる。

「ほめたら、次の日からグラウンドでの輝きが違いますよ。それでいいと思う。周りがオレのこと認めてるんだって、それが自信になるんじゃないですかね。最初はちっちゃい自信かもしれないけど、それが大きくなっていく。チームの中での存在感が出たら、プレーだけじゃなく、その子をすごく成長させると思います」

15年には一般生で小谷野和之という選手がいた。日大三の野球部は、基本的にスポーツクラスに所属する生徒が入部する。一般生も入部できるが、技術面で大きな差があること、授業のカリキュラムが違うことから、入るのは例年数人。この代は小谷野だけだった。一般生は寮に入らず、自宅から通うことになっているが、小谷野は「もっと野球がしたい」と入寮を希望した。

「正直言って、野球はうまいわけじゃないんですよ。でも、野球に取り組む姿勢は一生懸命。何をやっても力を抜かないんです。その姿を見て、これは選手たちの刺激になるなって。それで、『学年1位になったら合宿（所に）入れてやる』って言ったんですよ」

すると、小谷野はそれまで以上に授業に集中。1時間以上かかる通学の電車内も有効に活用して勉強し、約束を達成。一般生としては異例の合宿所入りを実現させた。

「そんなふうに合宿に入れたのは初めて（笑）。合宿生活ではみんな夜も練習してるから、勉強が遅れちゃうじゃないですか。スポーツクラスのヤツはそれで風呂入って寝るわけだけど、小谷野はそのあとロビーで勉強していましたね。『お前、よくできるな』って言ったら、『合宿に帰ってきたら、できるだけ勉強しなくてもいいように休み時間に勉強してます』と」

小谷野のことは部員たちの前で何度もほめた。

「こいつはこんなに頑張っててすごいよ。お前らはただバット振って風呂入ってられるけど、こいつは違うんだよ」

あえてそうしたのには、小倉監督のこんな想いも隠されている。

「ウチの場合、野球がうまければみんなが認めるだろうけど、勉強ができても野球で力がなかったら認めないじゃないですか。自分が評価するから、みんなが認めたというのはあると思います」

日大三に限らず、強豪校の選手であればあるほど、評価基準が野球の実力になりがち。それでは、野球がうまいこととチーム内での影響力が比例してしまう。野球がうまいからいい、野球がうまいから偉いと勘違いする選手も出てくる。そうではないことをわからせるためにも、小倉監督は野球以外のことを頑張る姿を評価したのだ。

「野球の力はなかったけど、あいつのことはみんなが認めてました。性格面でも勉強でも、秀でたものがあれば、認めてやればチームの戦力になるんです」

その小谷野はスコアラーとしてベンチ入り。テスト前の部員たちの先生役としてだけでなく、試合でも力になった。

「一人ひとりが、お互いを認め合う。そんな組織にしていかなきゃダメ。だから、『オレはこれだけは負けないいんだ』というものをみんなに見つけてやる。認めてやる。『こいつにはこんないいところがある』と。気づかせてやって、自信を持たせてやれば、みんなで束になるチームができると思います」

同じ部員である以上、全員が戦力。試合に出ないメンバーがどれだけチームに影響を与えることができるか。メンバー外の選手の底上げこそ、見えないチーム力になる。どんなことでも評価して認める。1人として死んだ目をする選手をつくらない。それが、小倉監督のポリシーなのだ。

練習の雰囲気を大事にする

表情がいい。それが日大三の選手たちを見ての感想だ。他の強豪校には暗い顔をしている選手もいるが、日大三の選手たちはいつの年代も生き生きとした顔で練習している。もちろん、これには小倉監督自身の雰囲気や人柄が大きく影響している。監督自身が楽しそうにグラウンドに立っているのだ。ピシッとユニフォームを着て、選手といっしょにウォーミングアップをして、トスバッティングにも入る。いくつになっても野球少年の心を忘れていない。

「『小倉監督はベンチに座っていることがないですね』と言われるけど、この年になるまで座ったことないなぁ。世間には結構ネット裏に座ってマイク持ってる監督がいるみたいだけど。ウチもネット裏に部屋ができてるけど、あの中に入るのは、お客さんが来て、いっしょにグラウンドを見ながら話すときぐらいですね」

選手といっしょに動きながら、選手に声をかける小倉監督。自身が楽しそうにグラウンドに立つことで、練習の雰囲気が自然によくなる

選手といっしょに動きながら、選手の動きを見ながら、小倉監督はよく選手に声をかける。もちろん、厳しい声をかけることもあるが、雰囲気をよくする声をかけることが多い。

「確かにそういう声のかけ方は意識しています。長距離走なんかも、年々遅くなるけど、走りながら『お前、きのうより遅いな』とか『きのうより速いぞ』と言うと、選手もその気になってくれる。短いダッシュにしても、『きのうよりいい走りしてるな』と言ってやるんです。監督にああ言われたから、もっと頑張ってみようとなる。それがほめるってことだと思います。そういうのは、いつも見てるから言えるというのはあります」

日々選手を観察し、変化を見逃さず声をかけるのが小倉監督のやり方。ほめられた結果、その選手はよりやらなければいけないという気持ちになる。

「そうすると、その日ほめられたのが最低（ライン）になって、次にその上を行かないとこっちが叱るわけですよ。『きのうあれだけ走ってたのになんでマイナスになるんだ』って。最低（ライン）の基準を見てるわけです。そこで『同じ苦しみだったら、後ろを走ったって、前を走ったって苦しい。だったら前行こうよ』って言ってやる」

選手はいつもいっしょにやっている監督に言われたら反論できない。頑張れば頑張るほど手を抜けない状況になるが、しっかりやればまたほめてもらえるからさらにやるようになる。そうやってその選手の最低ラインを上げていくのだ。

練習が終わるときも雰囲気を大事にする。今はストレッチで終わるが、以前は「わっしょい」のかけ声とともに全員でランニングして終わっていた。それも、最後は盛り上がったいい雰囲気にしたいからだ。

「若いときは、選手がグラウンドから合宿にあがって来るときにヘロヘロになってないと『こいつら、まだまだ練習やりきってねえのかな』って思ったこともあったけど、今はそうじゃないですね。いい顔してあがって来るほうが次につながるなと。野球が嫌いにならないように、練習の最後は気分よく終わらせる。変な雰囲気であがることはさせません」

ときには「今日はいい練習ができたから」と最後のランニングの量を減らして盛り上げる演出もした。余力を残し、もっとやりたいという気持ちを残すから、夜の自主練習につながる。次の日につながる。練習中も、練習終わりもいい雰囲気を保つ。それが、日大三ナインの表情や動きに表れている。

小倉全由のセオリー 26

食事はおいしく楽しく食べる

食トレ。高校野球界では、いつからかこんな言葉が流行するようになった。たくさん食べて、身体を大きくする〝食事トレーニング〟の略語だ。立派な体格の選手が並ぶ日大三の選手を見て、小倉監督も食事について質問されることが多い。

「みんな『三高はどれぐらい食べさせるんですか』と訊くけど、そんなに強制してないですよ。夜だったら、『3杯ぐらい食えるパワーがなきゃダメだよ』とは言うけど、2杯しか食えなかったら、『自分から3杯目をおかわりしにいけ、ひと口でもいいから食べにいけ』と言うぐらい。あんまり言うと食べるのが嫌になる。他の監督が『ウチは何合食べさせてる』なんて言うのを聞くと、やめたほうがいいと言いますね。メシはエサじゃないんだから」

運動後の栄養補給はなるべく早いほうがいいといわれている。小倉監督が特にそれを意識したわけではないが、日大三では練習が終わった30分後には食事ができるようになっている。夏の練習中にはすいかを食べたり、冬合宿中にはやきいもを食べたりと、長時間練習の際は補食を入れるが、空腹を満たすことと雰囲気をよくするためで、体重を増やす目的で無理やり食べさせるようなことはしない。「スポーツ栄養学の先生によると、栄養学的にも『補食は必要だけど、無理やり食べさせるのは絶対に違う』と。昼食のあと、夜8時まで何も食べないとか、腹が減りすぎるのがダメなんだと。それでおにぎりとか補食が必要なんですけど、それが『量を食べさせなきゃダメだ』って違う方向にいっている。柔道などでは、重量を増やさなきゃいけないと無理やり食べさせたり、体重制限があって食べないようにすると拒食症が出てみたり、いろんなことがある。だから、食事はおいしく楽しく食べるのが一番だと。いくらいいものを食べても、無理やり突っ込まれたら栄養にならないというんですね」

セオリー64（235ページ）で紹介するように、日大三は会話をしながら楽しく食事をしているが、雰囲気が大事なのだ。「食べなくてはいけない」強制の食事ではなく、「食べたい」という食事になるように。小倉監督はこんなことをしたことがある。あるとき、量を食べられない選手がいた。「小学校のときに無理やり食べたせいで、たくさん食べようとすると思い出して食べられない」と、その選手は言う。食べられるものを訊くと「コーンフレークなら」との答え。小倉監督はすぐに用意した。

運動して、おなかが減って、一番の楽しみであるはずの食事の時間が苦痛になってはいけない。楽しく食べるから栄養になる。選手たちの身体は、いい雰囲気で食べる食事の時間からつくられている。

小倉全由のセオリー 27

怒ったあとはフォローする

「怒ったあと、すぐにほめられるのが監督の特技だよね」

小倉監督とコンビを組み、長く部長を務めた堀内正前校長の言葉だ。グラウンドでは厳しい。だが、怒っても引きずらない。他の選手に当たることもない。それが、小倉監督だ。

「ダメだったら後回しにしないですね。溜めといて『あのときこうだっただろ』っていうのは絶対に言わない。その場、その場で叱ります。それと、高校野球では父兄もかかわってくるじゃないですか。『ここの母ちゃんうるせえから、こいつをあんまりきつく叱っちゃダメなんだ』とか。そうじゃなくて、ダメなものはダメ。いいものはいい。それは誰が見たって決まってること。自分は、そこは徹底しています」

怒った直後でも、よければほめる。前のことがあったせいでプラスのことがマイナスになることはない。ただ、そんな小倉監督でも、ときには怒ったまま練習が終わることもある。だが、それで終わらないのが小倉監督。寮でいっしょに生活しているのを利用する。

「練習が悪くて、自分がブスッとして（合宿所に）あがるときがあるけど、その日に解決しますね。若いときはそんなこと思わなかったけど、最悪を考えちゃうんです。怒鳴ったヤツに首でも吊られたら困っちゃうなって。このままあいつが下を向いてたらかわいそうだと思って、合宿にあがったらガラッと変わります」

指導者に限らず普通の人間なら、少し前に怒ったばかりの選手の顔を見れば、嫌みのひとつも言いたくなるだろう。だが、小倉監督はそれはしない。怒ったことがなかったかのように普通に接する。

「バカたれ。オレに叱られてどうすんの？」

グラウンド内外問わず、厳しく叱った場合には、たいてい合宿所内の自室に呼ぶ。プリンやゼリーといったスイーツを出し、ときには好きな子の話を聞いたり世間話を交えたりしながら、和やかなムードをつくって話をするのだ。

「グラウンドでみんなの前で怒って、ミーティングでもみんなの前で怒って。だからそのあと部屋に呼んで確認みたいなもんですよ。『こいつ大丈夫かな。怒りすぎちゃったかな』って。顔色を見ながら『期待してるぞ』と、くすぐる言葉でやる気を起こさせて。お前のために怒っているんだよとわかってもらえなきゃダメだと思います」

もちろん、そのうえでなぜ怒られたかわかるかを訊き、話をしてしっかり理解させる。

「選手が叱られるようなことをしたときは、尻尾つかんだようなもんで、腹も立つけど、しめしめというのもありますね。その失敗を絶対にマイナスにはさせない。チャンスにします。そこから逃げられないようにして、監督に助けられたんだという関係をつくります」

最後に部屋から出ていくときにどんな顔をしているのかを見る。

「いい顔しているのを見ると、こっちもホッとして寝られるんです。怒りっぱなしだと、やっぱり気になっちゃうんですよね」

部屋を出る頃には、選手は怒られたことを忘れている。まさに、フォローの達人。それが、小倉監督なのだ。

小倉全由のセオリー 28

突発的にイベントをつくる

サプライズは、いつも以上の喜びがある。

事前に休みの日を知らせたり、冬合宿の中にクリスマスパーティーを入れたり、ラーメンの屋台を呼んだりと、「楽しみまで頑張ろう」という状況をうまくつくる小倉監督だが、ときには予定外のご褒美を与えることもある。もっとも効果があったのは、2009年のこと。招待試合で静岡遠征が組まれていた日だった。その日は朝から大雨。試合が中止なら遠征はなくなり、土曜日の授業に出なければいけなくなる。どう見ても中止が濃厚だったが、小倉監督は出発するように指示した。

「いいよ、いいよ、出ちゃえ。今から学校行ったってなぁ。御殿場のアウトレットあたりで自由時間やるから」

御殿場に着く前に試合中止が決まったが、よく考えたら、選手たちは買い物をするお金がない。そこで、急きょ行先を富士急ハイランドに変更した。

「よーし、ジェットコースターに乗せてやる。その代わり、富士急に着くまで歌を途切らすな」

テンションの上がった選手たちは、バスの中でカラオケ大会。大盛り上がりで富士急に到着し、1日遊んで帰ってきた。

「向こうに行って、雨で中止の連絡があったから、というのとは違う。『監督、授業に出なくていいって言ってるよ』で『よっしゃー』とすごく盛り上がった。さらに、『ジェットコースター乗せてやる』でみんな喜んだんですよ。普段は中心になって盛り上げるヤツじゃない関谷（亮太、元千葉ロッテ）が盛り上げてた。ウチは冬にクリスマスパーティーをやるからいろんな顔が見られるんだけど、普段は見ない選手の姿を見られたんですよね」

この頃、小倉監督は苦しんでいた。01年から05年まで毎年春夏どちらかの甲子園に出場していたが、06年に斎藤佑樹（現北海道日本ハム）の早稲田実に負けてから3年間は出られなかった。「もう出られないんじゃないか」という不安がある中、夏の大会前にチームが大いに盛り上がった。結果的に、この夏に4年ぶりの甲子園出場。以後、これがゲン担ぎのようなものになった。

12年の6月には、練習試合に敗れたあと「重い空気を変えよう」と帰りのバスで歌うようになり、夏の大会では神宮球場から町田市にある合宿所まで約1時間の道のりを歌い続けた。〝締めの曲〟は決まってゆずの『栄光の架橋』。到着見込みの時間から逆算して歌い始め、ちょうど合宿所の前で歌い終わる。帰り道に歌うことで盛り上がるだけでなく、「打てなかった選手も歌って気持ちを切り替えることができた」（13年のキャプテン・森龍馬）と精神面にも効果があった。

「今は歌わないで寝かせるようにしています。栄養学的には、夏は、終わったらまずバナナとかおにぎりとかを食べさせて、オレンジジュースを飲ませて、休ませるのが疲労回復に一番だっていうから。以前はみんなで歌って帰ってくるのが次の日につながるんだって思っていたんですけど（笑）」

とはいえ、ときには今も練習試合で遠征に出た際、途中までは寝て、休憩を取ったインターから合宿所に着くまで歌うこともある。

「『ここから合宿所まで歌いっ放しで帰るぞ。途切れたらバスから降ろして走らせるぞ』なんて言いながら帰ります。ちょっと途切れたりすると、『お前らつまんねーヤツらだな。じゃあ、オレが歌うから』って歌うことありますよ。そうすると、またわーって盛り上がります」

ちなみに、小倉監督がよく歌うのは『日大節』や河島英五の『野風増《のふうぞ》』。歌が雰囲気を変え、流れを変える重要なツールになっている。

「関谷のとき、いいタイミングで歌わせることができたなと。これをしたからって甲子園に行けるもんじゃないけど、今までやったことのないことをやって、すごくいい雰囲気になった。それからは、ひらめいたら急きょイベントをつくりますね」

イベントは、富士急のような大規模なものばかりではない。19年の秋はこんなことがあった。秋のブロック予選決勝の錦城戦。4対0で勝ちはしたものの、思うように点を取り切ることができず、小倉監督は不機嫌だった。だが、その夜。何気なくつけたテレビに心を動かされた。映し出されていたのは、ラグビーワールドカップ開幕戦のニュージーランド対南アフリカ。前半を見終えると、小倉監督はすぐに選手たちを集めた。

「ラグビーに興味があったわけでもないのに、前半が終わって控え室に行く姿を見て『カッコいいな』って全員集合（笑）。『お前ら、これ見ようや。ラグビー選手カッコいいぞ。こいつら誇り持ってるよ』って。勝ちたい気持ちは誰だって持っているけど、なおかつ自信を持ってプレーしている。それをどれぐらい感じるか。これを参考にウチもやるぞって」

この他にも、毎朝見ているNHKの連続テレビ小説でいい場面やいいセリフがあれば選手たちに見せる。大好きな映画『ロッキー』とチーム状況が重なる場面があれば、それも見せる。

「ロッキーが縄跳びを跳んで、叩きつけて次のトレーニングに移る場面が好きなんですよね。いくら殴られても立ち上がるとか、がむしゃらにぶつかっていくとか、裕福になって闘争心がなくなるとか、ロッキーの中には自分たちに合った場面がある。それを見て、ピンと来ないヤツはダメですね」

チームの士気が上がるきっかけになるなら、大規模、小規模問わずイベントをつくる。利用できるものは利用する。いかにチームの雰囲気をよくするか。戦う気持ちをつくるか。小倉監督は常にアンテナを張り巡らせている。

小倉全由のセオリー 29

何度でも教える

見捨てない。わかるまで言い続けるのが小倉監督だ。

「人間って、ひとことでわかるヤツもいれば、何回言ったって動けないヤツもいる。全員が全員ひとことで動けたらこんな楽な商売はないですよね。いろんな人間の集まりでいいと思う。選手がいい加減なことしても、『しょうがねぇなぁ』って感じですよ。授業で寝たとか、ゲームをやって見つかったとか、想定内。笑いますね。叱りはするけど、かわいいじゃんって」

あるとき、こんなことがあった。トレーニングが終わったら風呂に入るように選手たちに指示。小倉監督自身も体を動かし、ひと汗かいて風呂に入ると、先に風呂に入っている1年生がいた。身体を洗っているが、湯船にお湯を溜めていない。それに気づいてもいなかった。

「自分が一番早く来たら、ちょっと蛇口ひねってお湯を溜めとこうって感じないヤツなんだなって。

若いときだったら、『このボケ、コラ』って怒鳴ったけど、教えました。あれを見て、合宿に半年いても、言っても感じない男っているんだなって感じました」

この1年生の話はまだ続く。英語のテストで赤点を取ってしまった。それを聞いていた小倉監督が、何気なく英語の時間に教室をのぞいてみると、寝ていたのだ。

「何回言ったって、こういうヤツはこうなんだと勉強になりましたね。どうしたって、『ひとこと言えば、みんなわかって当たり前』と思うじゃないですか。この年になってすごく感じるのは、『あいつは言ってもわかんねぇ』で終わっちゃダメってこと。『あいつはダメだ』と言うのは簡単だけど、それを教えてやらないと」

何度言ってもわからない選手、ミスや失敗をくり返す選手は決まっている。

「『またお前か』って思いますけど、『自分が見放しちゃったら、こいつどうなっちゃうのかな。オレが言ってなかった。オレが足らなかった』と。ダメなヤツなんだという見方は絶対にしない。人間的にダメでも、ウチの3年間でよくしてから出ていってもらおうと、最後まで引っ張っていきます。『いつかわかってくれるだろう』って。わかった頃には卒業になっちゃうんだけど」

どんなにダメな選手でも、真剣につきあう。わからなければ、わかるまで教える。「伝わらないのは自分が悪い」と自分に責任の矢印を向ける。強豪校や部員が多いチームなら相手にされないような選手も見捨てない。それが、小倉監督なのだ。

小倉全由のセオリー 30

いいことがあれば全員の前でほめる

いい意味でも悪い意味でも注目度が高い。それが日大三の野球部だ。

セオリー56（205ページ）でも紹介するが、小倉監督は選手を家に帰すたびに「電車では、おじいちゃん、おばあちゃんに席を譲れ」「ひと声かけて荷物を持ってあげろ」と言うが、それを実行した選手がいたときは必ず全員を集めてほめる。

「『今の時代にこんないい学生がいた』って学校にお礼の電話が来るんです。そうすると、校長が『監督、こういう電話入ったよ』と知らせてくれる。そしたら、自分はもうルンルンですよ。グラウンドに来て、『お前ら、いいことしたな』って言うと練習がいい雰囲気になる」

ただ、これだけで終わらないのが小倉監督。次につながるようにこんなこともつけ足す。

「お前らがいいことをしたら、オレも気持ちがいいからいいノックになる。お前らだって、オレがつまんねえツラしてノックしてるのを受けるよりいいだろ。これが循環だよ」

ほめて終わりではなく、ほめられるといい雰囲気になり、そのあとにもつながることを教える。誰かひとりの好意が、チーム全体にプラスになって返ってくることを実感させるのだ。

「いいことしたら、みんなでいい思いしようよってことですね」

学校の先生にほめられた、グラウンドを訪れたお客さんにほめられた……。なんでもいい。どんな小さなことでも評価して、いい雰囲気をつくっていく。気分よくやれば、いい練習になるし、いい合宿生活にもなる。ほめることで生まれる好循環をうまく利用する。厳しい練習の中のいい雰囲気、日大三ナインのいい表情はこうやってつくられていく。

第4章

勝利の方程式

小倉全由のセオリー 31

相手の神経を逆なでしない

たったひとことが、命取りになる。

関東一が甲子園初出場を果たした1985年夏の東東京大会。帝京に並ぶ優勝候補といわれたチームは、敗戦の危機に陥っていた。準々決勝の日大一戦。3回表を終わって0対7のビハインド。コールド負けもちらつく展開だった。流れを変えたのが、3回裏に飛び出したキャプテン・寺島一男の本塁打。実はこれは、意地で放った一発だった。

「寺島がバッターボックスに入ったら、相手のキャッチャーがマスク越しに『お前ら優勝候補っていうけど、弱いねぇ。オレらはこれで昼寝だよ』と言ったっていうんです。それで寺島が『ふざけんな。見てろよ、ぶち込んでやる』って本当にホームランを打った。ベンチに帰ってきた寺島が『お前ら、なめられてんじゃねぇ。なんとかしろよ』と言ったら、そのあと打つようになった」

日大一は捕手の三浦浩司をはじめ、前年夏の甲子園に出場したメンバーが6人。力のあるチームだった。関東一は「打倒・帝京」に目がいきすぎ、日大一へのマークが甘くなっていた。「ヤバい。こんなはずじゃない」と悪いムードになっていたところで、三浦のひとことと寺島の本塁打。これで一気に流れが変わり、関東一打線が爆発。4回に4点を返すと、7、8回にも3点ずつ奪って11対8で逆転勝ちした。

「この前の年に明徳も同じようなことで負けてるんですよ。だから、絶対相手を刺激しちゃダメなんです」

84年夏の甲子園2回戦。明徳義塾は新潟南と対戦が決まっていた。当時は試合前に、対戦する2チームが甲子園近くのグラウンドを半分ずつ分け合って練習してから球場入りするようになっていた。新潟南が練習場に到着すると、すでに明徳義塾は打撃練習中。レフト側で新潟南の選手がキャッチボールを始めたがやめなかった。打球が飛んできて危険なことから、望月光輝部長が明徳義塾の竹内茂夫監督（当時）に抗議すると、「隅でやるのも野球だよ」と言われたのだ。この発言で「自分たちも、新潟県の野球もバカにしている。勝って見返してやる」（関川弘夫・当時監督）と新潟南ナインの闘志に火がついた。

試合は、新潟南のエース・林真道が9安打を浴びながら粘りの投球で2失点完投。打っても同点の8回にバックスクリーンに勝ち越しホームランを放つ活躍で、4対2と快勝した。

「自分自身も、練習試合に行った先なんかで『この人、オレのこと絶対軽く見てるな』って感じて燃えることがあるんです。いくら相手に力がなくても、バカ力を出させるような刺激を与えては絶対にダメなんです」

だからこそ、自分のチームに少しでもそんな空気があれば見逃さない。〝事件〟が起こったのは2001年夏の西東京大会初戦の日。選手たちの着ていたTシャツが小倉監督の逆鱗に触れた。そこには、「全国制覇」の4文字がプリントされていた。

都立府中東との試合を前に、選手は自分たちでそろえたTシャツを着ていた。センバツでは、初戦でその秋に巨人にドラフト1位指名される姫路工・真田裕貴を打ち崩したが、2回戦で東福岡に敗退。選手たちが「今度こそ全国制覇を目指そう」という気持ちはわかる。だが、夏の大会は何が起こるかわからない。関東一時代の日大一戦の経験もある。目の前の一戦一戦を勝っていかなければ、甲子園にもたどり着けないのだ。そのTシャツを見て、小倉監督は選手たちに集合をかけた。

「バカヤローĦ　全国制覇なんて書いてあったら、あいつら『ふざけんな』って力以上のものを出してお前らに向かってくるぞ。そんなTシャツ着るんじゃねぇ！」

こちらからすれば単純に目標を文字にしているだけでも、相手には「オレたちは日本一を目指している。お前らなんて相手じゃない」と思われるかもしれない。わざわざ神経を逆なでする必要はない。そんな想いから言った言葉だったが、納得していない選手がいた。

「せっかくつくったのに、なんで着ちゃいけねーんだ。関係ねーだろ」。そんな想いを行動に出してしまったのが、エースの近藤一樹（現東京ヤクルト）だった。「いると思わないで言ってしまった」。寮の自室に戻り「チクショー」と声を上げたところに、ちょうど小倉監督が通りかかる。再び、全員に集合がかかった。

「てめぇはオレが言ってる意味がわかんねーのか！　そんなに着たいんだったら、甲子園に行ったらいくらでも着せてやるわ」

一度目以上の迫力で怒る小倉監督に選手たちは静まり返った。涙を流して小倉監督の言葉を聞いていた主砲の原島正光はこう言った。

「全国制覇のTシャツは去年もつくってたんです（00年は優勝候補といわれながら6対8で法政一に敗退）。間接的にダメと言われてたんですけど……。『去年のことわかってねーのか。背中の文字は相手を挑発するだけ。そういうことは胸に秘めろ』と。みんなで『甲子園で着ようぜ』と言いましたね」

これで引き締まった日大三ナインは初戦から全開。準決勝まで全試合コールド勝ちの無失点で勝ち進むと、決勝では6失点した投手陣を打線がカバーし、9対6で東亜学園を破って甲子園へ。さらに甲子園でも、当時の大会記録を更新するチーム打率・427の猛打で、Tシャツの言葉通りの全国制覇を果たした。小倉監督は言う。

「初戦はみんな沈んで行ったんです。正直言って、怒りすぎたかなと思ったんですけど（笑）。でも、何かそういうときって、いいことがあるんですよね」

どんなに立派な身体をしていても、心は高校生。どこにスキがあるかわからない。わざわざ相手を刺激する必要もなければ、心のスキにつながるようなことをする必要もない。気になる言動をスルーしないで喝を入れる。それが、小倉監督なのだ。

小倉全由のセオリー 32

継投は欲をかかない、エースを出し惜しみしない

試合前にゲームプランを描く。

それが監督の仕事だ。絶対的なエースがいればいいが、そうでなければ先発が何イニング投げ、誰につないで、どうやって試合を組み立てていくかを考える。そのとき、注意しなければいけないのが、頭に描いた理想通りを求めないことだ。

「自分の中で先発は何回まで決めてることとありますよね。例えば6回までと。そう思っていても、5回にランナーを出したり、思うようにいかないときはスパッと代えますね。それまで抑えてるとか、もう1回投げさせたいとかは考えない。それと、6回までと決めてたら、『ここまでいいピッチングしたから、次もやってくれるんじゃないか』っていうのはないようにしてます」

あらかじめ決めていたからといってそのイニングに固執すること、欲を出して決めていた以上

のイニングを投げさせること。経験上、このふたつが継投失敗のパターンだと感じているからだ。2018年夏の甲子園2回戦の奈良大付戦では、故障で西東京大会は登板のなかった井上広輝（現埼玉西武）を先発に起用。3回を無安打4奪三振無失点だったが、「長いイニングは投げさせないと決めていた」と、3イニングで降板させた。

さらにもうひとつ、小倉監督の頭にある継投失敗のパターンがある。それは、エースを先発させない試合だ。

「選手には『一戦、一戦。積み重ねだ』って言うけど、監督は絶対決勝まで読んで計画しているわけじゃないですか。だから、決勝は万全でいけるように、途中でエースを使わない日も絶対にありますよね」

エースを先発させずに、思うような試合展開にならない場合が問題だ。

「そういうときは、早めにエースをつぎ込みますね。点を取られてからじゃなくて、取られる前に代える。3回までやって重苦しいときは、早めにエースを出して絶対に負けない。決勝まではいくようにしますね。相手にランナーがたまってからエースを出しても、流れで一本打たれる。そのあとエースが抑えるんだけど、1点足らずに負ける。力のないチームに負けるときに一番あるパターン。それをつくっちゃダメですから」

まさにこのような継投だったのが、11年夏の甲子園準決勝・関西戦。この試合は、準々決勝までの

4試合36イニングを一人で投げ抜いてきたエース・吉永健太朗ではなく、2年生の斉藤風多を先発に起用した。斉藤は4回まで4安打1失点の好投を見せていたが、日大三の打線は4安打1得点といつもの調子が出ない。1対1で迎えた5回表、斉藤が一死一、二塁のピンチを迎えたところで、小倉監督はエースの吉永を投入した。

吉永が三振、セカンドゴロでピンチを脱すると、「吉永さんが登板して、バッティングだけに集中できた」(二番・金子凌也)と7回裏に打線が爆発。菅沼賢一の本塁打を含む5安打で一挙8得点。8回裏にも髙山俊(現阪神)の本塁打など6安打で5点を挙げて試合を決めた。

「あの試合はもっと打てると思ってたら、点を取れなかった。それが、吉永が出たらバンバン打った。野手ってそういうのがありますよね。監督は計算通りいってるつもり、『お前らなら絶対打てるはずだ』と思っていても、選手には不安があるんですよね。心理面がおかしくならないうちにエースを出さなきゃいけない。いつもなら打線が爆発するのに、エースを出さないことが不安で打てないときは、3回ぐらいで0対0でもエースを出しますね」

エースが投げないからオレたちが頑張ろうと打線が奮起すればいいが、エースが投げないことで失点を計算できない不安が生まれる。その不安が硬さを生み、打撃を狂わせる。それを防ぐためには、たとえ先発が好投していてもエースを投入する必要があるのだ。関西との試合も先にリードを許す展開になっていれば、吉永を出しても〝時すでに遅し〟になっていたかもしれない。

「やっぱり、痛い思いをしてわかる。監督の経験、負けの経験は大きいですよね」

エースの登板は安心感を与えるため。勝つためには、投球内容ではなく、チームの心理面を変えるための投手交代も必要なのだ。

小倉全由のセオリー 33

天の声に耳を傾ける

まさに、救世主だった。

2001年夏の甲子園2回戦の花咲徳栄戦。初回からエースの近藤一樹がつかまる。4安打で2点を失うと、2回にも4安打を打たれて2失点。この夏、初めてリードを許す展開になった。主砲・原島正光の2試合連続本塁打など打線の援護があり、3回を終わって5対4とリードしたが、エースの乱調は想定外だった。

「近藤があんなにやられるとは……。初回にこれはまずいと思ったので、清代（渉平）を早めにつくらせました。エラーじゃなくて打たれたので割り切れた。2回の2点で近藤を代えるのを決めた。3回は右の下位打線だったので、次の回に1人でも出れば代えようと思っていました」

小倉監督が動いたのは4回表。一死から一番の渡部彰朗にセンター前ヒットで出塁を許したときだった。マウンドに送ったのは初戦で登板していた千葉英貴（元横浜）ではなく、左腕の清代渉平。西東京大会でも1試合5イニングしか投げていない背番号16の2年生だった。

甲子園初登板の緊張も経験不足もなんのその。清代は小倉監督の期待をはるかに上回る好投を見せる。先頭打者の寺島哲治から三振を奪うと、5回3分の2を投げ、2安打9奪三振で無失点。花咲徳栄打線を寄せつけない投球で流れを呼び込んだ。徳栄の三番打者・根元俊一（元千葉ロッテ）が「左がいるなんて知らなかった。前の日のミーティングも右ピッチャーの話しかしていませんでした」と驚いた投手起用。花咲徳栄打線に左打者が一番から六番まで6人並んでいたとはいえ、甲子園でなぜそんなことができたのか。

「練習会場で明徳義塾がウチのあとだったことがあったんですよ。そのとき、馬淵（史郎監督）さんが『小倉くん、あの左のカーブいいな。あれは打てんぞ』って言ったんですよ。あの人は、『このチームは』って（警戒する）とこは見てる。あのときは、日大三は力あるって見てたわけじゃないですか。だから、その言葉が残ってたんですよね。それで、フリーバッティングで投げさせたら、原島とかが当たらない。レギュラーが打てなくて打線が湿っちゃうと心配になるぐらいだったんです。そんなことがあって『これなら使える』って自信がついて、ポーンと使えたんです」

迷いのない継投だったことは選手にも伝わる。「いつもなら間があるのに、スパッと代えたんです」（原島）。これが、「高校で一番の投球」（清代）を引き出した。小倉監督は言う。

「あのときの馬渕さんの言葉がなかったら、たぶんダメだった。清代を使い切れてないかもわかんないですね。以前だったら、『まだ1点勝ってるから』と近藤にいかせたかもわかんない。あのときは、いるのに使わないで悔いを残すのが嫌、宝の持ちぐされになるのが嫌だった。あれは〝馬渕の声〟じゃなくて、〝天の声〟ですよ」

いつ、どこにヒントがあるかわからない。このときは、たまたま実績十分の馬渕監督の言葉だったが、誰の言葉であろうと関係ない。何かあるかもしれないと思って耳を傾けるからこそ、気づかされることがある。常にアンテナを張っているから、言葉を拾える。それが、小倉監督の強みなのだ。

小倉全由のセオリー 34

勝負の一手を打つ

「一番勉強になった」

小倉監督がそうふりかえるのは、関東一で甲子園初出場した1985年夏の甲子園準々決勝・東海大甲府戦だ。7対4とリードして迎えた9回表一死一、二塁で、相手の八番・秋山敏彦の打球はショートへのゴロ。ダブルプレーコースに打球が飛び、小倉監督も「終わったと思った」が、打球はイレギュラーして左中間を転々。二塁打となり2点差になった。続く打者はファーストライナーで二死となったが、二死二、三塁から一番の北山茂に右中間へタイムリーヒットを打たれて同点とされた。

そのあとだ。二番・小板橋則之への2球目。一塁走者の北山がスタートする。あわてた捕手・西浦徹也の送球はワンバウンド。ショートの田辺昭広が捕れずにセンターへ抜けると、カバーに来たセンターの寺島一男もボールをはじいた。一塁走者はヘッドスライディングをしてボールを見ておらず二塁のままだったが、あと1アウトというところから追いつかれた関東一ナインの動揺ぶりが表れている。さらに小板橋にセンター前ヒットを打たれて勝ち越しの1点を奪われ、7対8で敗れた。

関東一は後攻。同点で止めておければ、追いつかれてもサヨナラ勝ちというのはよくあるパターンだ。東海大甲府の大八木治監督（当時）は、同点に追いついてもホッとせず、さらに攻めてきた。

「これが決まらなかったらお手上げだというぐらいの想いでサインを出してきたんですよね。自分が日大三高で教わっていた野球は、9回2点差で負けていても、バントでいくような野球だった。その頃の（日大三の）監督は負けたらクビ。3年から5年で代えられてた時代だから、勝ち方、負け方をすごく意識してサインを出しているんです。だから、最後が盗塁アウトでゲームセットなんて絶対許されないんですよ。自分には、バントしてランナー二塁にして『一本出なかった』で終わる野球にしか見えなかった。それが甲子園に行って、思い切ってしかけてきたのを見て、割り切って勝負をかけることが必要だなって感じましたね」

あの試合以降、小倉監督は、ここぞという場面では勝負をかけるようにしてきた。その中で小倉監督の記憶にあるのは2試合。ひとつ目は、2003年夏の西東京大会決勝・東海大菅生戦だ。例年に比べて戦力的に苦しいと思っていたチームが決勝進出。決勝も8回まで4対3とリードしていた。迎えた9回。背番号19ながら、この大会大車輪の活躍を見せていた投手の高山亮が先頭打者にフォアボールを出した。

「自分は、もうあれで負けたと思ったんです。ベンチで三木（有造、当時副部長）に『そんなうまくいかねぇ。ここまでだよ』と言いました」

無死一塁で三番打者。相手は初球にエンドランをしかけてきたが、これがファウルチップとなり、バントに切り替えた。一死二塁となり、打席には四番。ここで、ベンチの小倉監督は捕手の松永太輔に配球のサインを送った。

「高さん（高山の愛称）はカーブがよかったから、カーブ、カーブで2ストライク。3球目は遊ばずにカーブのサインを出したら、ストンと落ちて空振りの3球三振。あのときは、これで打たれたらしょうがねえっていうぐらいの気持ちでしたね」

高山は次打者をファーストゴロに抑えて1点差で逃げ切った。

ふたつ目は、18年夏の西東京大会準々決勝の都立片倉戦。打線が左下手投げの投手に抑えられ、守備も5回表に5失点するなど3対6とリードされて迎えた7回裏だった。二死満塁で投手の広沢優に打順が回ると、小倉監督は勝負をかけた。

「もう万事休すじゃないですか。三木と『どうするよ。これ、いくしかねえぞ』って。あとのピッチャーはいないんですよ。1人は残ってたんだけど、絶対じゃないわけですよ。でも、そいつにかけるしかない。ここで点を取れなかったら絶対負けるからって代打いったんです」

代打に起用したのは左打者の小沢優翔。小沢は初球、95キロのカーブをライトスタンドに運ぶ逆転満塁本塁打。小倉監督の期待を超える一打を放つと、救援した林玲介も2回を無失点に抑え、8対6で勝利した。

「(東海大甲府戦から)何十年もたってのことだけど、この代打は、絶対にあの試合があったからこそですね」

打てる策があるのに、何もしないのでは負けを待っているようなもの。リスクはあっても、思い切って攻める。腹をくくって勝負する。劣勢を打開するためには、監督が思い切った決断をすることが必要なのだ。

小倉全由のセオリー **35**

初戦で大量点を取って勢いをつける

「夏は勢いですよ。夏は勢いがなかったら絶対勝てない。どうやって勢いをつけていくか」

とはいえ、勢いは狙ってつけられるものではない。多くは運に左右される。運の中でも大事なのは組み合わせだ。

「1、2回戦で弱いところとやって上がっていくときは、勢いがつくんですよ。弱いチームが相手でもいいから、5の5（5打数5安打）とか打った選手は絶対勢いに乗る。1回戦でいいピッチャーに当たって3対1とかだと、勝って『よし』なんだけど、勢いがつかない。相手が弱くてもなんでもいいから、どんなことがあっても打ち勝つことです」

小倉監督が甲子園で上位に進出している大会を見ると、初戦はほぼその通りになっている。関東一で初出場してベスト8に進出したときは、花園から18安打で12得点を奪って12対1。日大三で

2001年夏に優勝したときは、樟南から21安打を放って11対7。10年センバツで準優勝したときは、山形中央に19安打、2本塁打で14対4。11年夏に優勝したときは、日本文理から19安打で14対3。18年夏にベスト4に進出したときは、折尾愛真に対して初回から打者13人7得点と打者一巡の猛攻で15安打を浴びせて16対3で大勝した。

「組み合わせの運もあるけど、1回戦から自分たちの雰囲気になってますよね。そんな雰囲気の中から、振ったらヒットになる人間が出てくるんです。ラッキーボーイも生まれる」

01年夏は、一番の都築克幸が5打数5安打。大会通算でも28打数16安打、打率・571の大当たりだった。18年夏は、西東京大会で2試合9打席しか出番がなかった上野隆成が3打数3安打4打点。本塁打が出ればサイクル安打という活躍でラッキーボーイになった。

ただ、野球界にはこんな定説がある。「打線が爆発した次の試合は大振りになって打線が沈黙する」。だから、打ちすぎないほうがいいというのだ。だが、小倉監督は真っ向からこの考えを否定する。

「OBなんかによく言われるのは『今日は打ちすぎてるな』ということ。打っちゃったもんはしょうがないじゃんって感じですよ。自分は、打って乗ってるときはそのままどんどん乗せていきますね。その代わり、打ったあとレフトスタンドに顔が向いてるヤツには『バカヤロー』って言いますけど。そこの見極めですよね。それを監督が見落としたら打線は崩れるけど、いいスイングをしていいバッティングをしているんだったら、そのままどんどんいかせる。『お前、何振ったって今日はいけるぞ』

とか『明日のゲームもいけるよ』って乗せられる」

打ったからと「勘違いするな、コンパクトにいけ」と言うのが多くの指導者。反対に小倉監督は注意するポイントだけを見て、問題なければどんどん乗せていく。余計なことを言わず、気分よく打たせるから打線の勢いが止まらないのだ。監督の見極めと声かけ。この違いだけで、同じ結果でもチームに勢いがつくかどうかが決まる。

小倉全由のセオリー 36

選手のホームラン狙いを見落とさない

打てるようになってくると、どうしても長打を打ちたくなるのが高校生。だが、トーナメントの高校野球では、一発狙いの粗い打撃では勝ち進むことはできない。前項の大量点を奪った試合のあとの試合もそうだが、大振りになりがちなときこそ、監督の見る目が問われる。

その意味で、小倉監督にとって忘れられない選手がいる。１９８７年のセンバツで準優勝したときのファースト・米倉順司だ。秋は、練習試合を含めて打率・４３１と小倉監督が信頼する打者だったが、甲子園ではなかなか結果が出ない。準々決勝までの３試合で13打数１安打の不振に陥っていた。

「あれだけいいバッターが全然打てなかったから、神頼みから何からしたんですよ。手を合わせたり。宿舎の近くの銭湯に行ったときも、下駄箱はいつも（米倉の背番号である）３番に入れて『ヨネ、打ってくれよ』って」

自分はそこまで想っているのに、なぜ打てないのか。準決勝の池田戦を前に、小倉監督は米倉に尋ねた。

「お前、どうなんだ？　なんで打てねえんだ？」

するとこんな答えが返ってきた。

「監督さん、自分は全部ホームラン狙ってます」

初戦の明徳義塾戦で四番の三輪隆（元オリックス）が本塁打を放ったのに刺激され、「オレも一発打ってやろう」と力んでいたのだ。

「それを聞いて、バカヤローって（笑）。『オレはお前のために神頼みまでしてんだぞ』と言ったら、一打席目にカーンと出たんです（センター前ヒット）」

当時の小倉監督は29歳と血気盛ん。その監督に「全打席ホームランを狙っている」と言えるのは、日頃からコミュニケーションを取り、人間関係を築けていたからだろう。監督の言葉で目が覚めた米倉は、池田戦で5打数3安打の活躍。打線に火をつけ、やまびこ打線に打ち勝つ原動力となった。

「今思ったら、あいつがライトスタンドに向かって振っているのを見落としてたんですよ。打って勢いをつけるといっても、足元をすくわれないためには、選手が開いて打っていないかを指導者が見ていないとダメ。ダメだったら修正してゲームに臨む。それは絶対（に必要）だと思いますね。ヨネのときの反省があるから今がある。未熟でしたね。あれがなければ、ただ勢いで『さぁいけ。さぁいけ』

で終わっていたかもわかんないですね」

選手といっしょになって、監督も〝イケイケどんどん〟になってはいけない。一発狙いで大振りになり、フォームを崩していないかを逐一チェックする。これができて、初めて選手たちを乗せることができるのだ。

小倉全由のセオリー 37

10対0で勝つことを目指す

10対0。これが、小倉監督が理想とする勝利のスコアだ。

「なんで攻めと守りが同じ機会与えられていて、みんな2対1って言うのか。2対1って言うなら2対0。それか1対0の野球を求めますでしょ、って。1点取ったから勝ちにいく。そういう考えはあっていいけど、守備で点を取られていいというのは、オレはないよって言うんです。攻撃だって9回あるんだから、何点取ったっていいということ。だから理想は10対0だし、もっと言えば、初回に100点取って、相手が『これ以上は無理です』ってタオル投げてくれるぐらいの野球をやりたい。1回表だったら、こちらが守らないうちに、相手が『もういいです』ってなるぐらいの野球をやりたい。『なんでそんなふうに言えるんですか?』って訊かれるんだけど、そう言われること自体理解できないですね」

得点は取れるだけ取る。失点はできるだけしない。それを目指せば勝利に近づくのは明白だ。だが、多くの指導者は「そんなに打てる打線をつくれない」「そんなに抑えられる投手がいない」と初めから目指そうとしない。

「そこで自分が、10対9でいいんだよと言ったらおかしいと思うんですよ。ノーガードで打ちあって、最後1点勝っていればいいんだというのとは違う。やっぱり守りは0ですね。0点で抑えたあとは攻撃なんだから、取れるだけ点を取って楽をしようという考え。7、8、9回で1点差はきついじゃないですか。だから、取れるときに取って余裕があれば、エラーも出にくくなると思うんです」

あくまでも無失点を目指す。だから、毎日の練習は守りから始める。

「ウチはノックからですよ。そうすると、見学に来る人たちは『小倉さん、こんなに守備練習やるんですか』って言うんですよ。1日中バッティングをやっていると思っているらしいんです」

「打撃の三高」のイメージがあるが、打撃と守備の練習の割合は同じぐらい。練習は守備練習が先だ。バッティングばかりやっているわけではない。

「守りのミスで点を取られてもいいという感覚はないですね。ヒットを打たれて点を取られるのはしかたないけど、エラーやミスで点をあげちゃダメ。最少失点にとどめておかないと勝てない。やっぱり、甲子園に出てるときはピッチャーがよくて、ディフェンスがいいですよ」

小倉監督の言う通り、夏の甲子園に出場した年の東京大会の数字を見ると、守備力の高さがわかる。

特に日大三に来て二度目の夏の甲子園となった2001年以降の失策数は、1試合平均1個以下。9回中7回が1個未満だ（**表1**）。6試合2失策だった01年、7試合1失策だった11年は甲子園でも優勝を果たしている。トーナメントで勝ち上がるには、守備力が絶対に必要なのだ。

表1 夏の東京大会の失策数
（67回、76回は関東一。81回以降は日大三）

大会回数	開催年	試合数	失策	1試合平均失策
67	1985	5	6	1.20
76	1994	7	9	1.29
81	1999	6	8	1.33
83	2001	6	2	0.33
85	2003	6	6	1.00
86	2004	6	3	0.50
87	2005	6	2	0.33
91	2009	6	6	1.00
93	2011	7	1	0.14
94	2012	7	6	0.86
95	2013	6	1	0.17
100	2018	6	4	0.67

小倉全由のセオリー **38**

練習試合では先攻、後攻どちらも取る

「ウチは後攻が多いですね。正直言って、後攻が楽だもん。1回守り切っての余裕ができるじゃないですか。逆にいえば、初回に点を取られたら……というのはあるけど、自分は1回の守りが終わると、これはいけるなっていうのがあるんですよね」

確かに、小倉監督の甲子園での試合を見ると後攻が多い。先攻が19試合に対して、後攻が37試合だ。ちなみに勝率は春の先攻が3勝5敗（.375）、春の後攻が11勝4敗（.733）。夏の先攻が8勝3敗（.727）、夏の後攻が15勝7敗（.682）。春の先攻以外は.680を超えている。

理想は後攻。だが、練習は別だ。練習試合では、先攻、後攻に偏らないように気をつける。関東一の監督時代、習志野の石井好博監督（当時）に、先攻でも後攻でもやるように言われたのがきっかけだった。

「全部後攻でやっていたら、じゃんけんに負けて『今日は先攻だ』となったときに、選手は『えっ』となりますよね。その『えっ』がいけないんだと。それってわかりますよね。そのとき石井監督が例に挙げていたのが拓大紅陵。拓大紅陵は夏の大会で全部後攻だったらしいんです。飯田（哲也、元ヤクルト）とかがいて力のあるチームだった。『あんなチームは先攻だって負けないんだから。試合ではじゃんけんの勝ち負けで先攻、後攻を決めるんだから、全国で勝ちたいなら、先攻、後攻どっちもやらせとかなきゃダメだよ、小倉くん』って」

甲子園で拓大紅陵が優勝候補といわれた1984、86年を見ると（ともに春夏連続出場）、4度の敗戦中、84年春のPL学園戦、夏の鹿児島商工戦、86年春の新湊戦と、3試合が先攻だった。理想はあっても、その通りにならないことが多い。そのためにも、どちらにも備えておくことが大事なのだ。

小倉全由のセオリー 39

相手監督を研究する

「あの1敗が大きいんですよ」

小倉監督が今でも嘆くのが、2005年夏の甲子園準々決勝・宇部商戦だ。この年は千田隆之、多田隼仁、江原真輔、2年生の荒木郁也（現阪神）ら好打者がそろい、練習試合から評判の好投手を打ち崩していた。小倉監督自身も「今年の打線は格が違う」と自信を持ち、上位進出を目指していた。

3対2とリードして迎えた9回表。先頭の九番打者にレフト前ヒットを打たれて出塁を許した。最終回、1点差、無死一塁。小倉監督は「まず送りバントだと思いました」。ところが、宇部商の玉国光男監督（当時）の指示は「打て」。一番の井田和秀もレフト前にはじき返して無死一、二塁となった。最終回、1点差、無死一、二塁、二番打者。「今度こそ、間違いなく送りバントだと思いましたね。自分は、ノーアウト一、二塁のケースは原島（正光、01年に優勝したときの四番）にも送らせてましたから」。ところが、玉国監督のサインはまたしても「打て」。二番の上村拓矢は期待に応え、ライトオーバーの三塁打を放って試合がひっくり返った。

「無死一、二塁からヒッティングでくるとは。あそこで信じて打たせるところが玉国さんのすごさ。打たれたときは、まさに頭をガーンと殴られたような気分でしたね」

小倉監督のセオリーにはなかった攻撃にしてやられ、狙っていた上位進出を阻まれた。

「あのあと、山口国体に行ったときに山口の人から聞きましたが、玉国さんってバントしないんだと。それは自分の勉強不足。あの人を研究してなかった。あれは失敗した。やっぱり、監督を研究しとかないとダメですね」

野球のセオリーだけではなく、監督の性格、考え方で作戦は変わる。あの苦い経験以降、小倉監督は相手の監督がどんな采配をしてくるかを注意して見るようにしている。

小倉全由のセオリー　40

練習試合では多くの選手を使う

今と昔で小倉監督が大きく変わったことがある。

それは、練習試合の戦い方だ。かつては時期やチーム状況にかかわらず、勝たなければいけないという思いがあった。

「昔は練習試合でも負けちゃいけないんだと、ダブルヘッダーでも2試合とも勝ちにいってたところがありましたね。『この時期は勝てなくてもいいんだ』『エースを休ませる時期なんだ』と言ってはいても、負けてくると『エースを使えば勝てるんだよ』ってカッコいいところ見せたくなる。それがチームづくりを一番ダメにしちゃうんです」

小倉監督が今でも悔やむのが、関東一を率いてセンバツ準優勝した１９８７年の春の関東大会のこと。「負けたくない」と甲子園の疲労が残るエース・平子浩之を投げさせた結果、悲劇が起こった。

決勝の宇都宮南戦。2対3と1点を追う9回表一死一塁で送りバントにいった平子が右手の中指に死球を受けて骨折してしまったのだ。

「あれが一番、夏に響きました。あそこは代打を送ってエンドランでもよかった。負けでいいのに、次の守りのことを考えているんです。捨てているつもりが、捨てられてないんですよね。負けてもいいと言えず、〝見せる野球〟をしてしまう。選手中心じゃなくて自分中心でした」

回復後も招待試合が続き、満足する調整ができなかった。平子は調子を崩したまま夏を迎え、東東京大会では修徳にコールド負けをすることになってしまった。

「今は我慢しなきゃダメなんだってわかりますけど、あのときは我慢できなくてつぶしちゃった。監督の若さですよね。招待試合では、『1イニングでもいい』という依頼を断れなかった。自分自身も負けることが嫌で、その場、その場で100パーセントの力を出さないと納得できなかったんですよね。その結果、それまで積み上げてきたものがゼロになってしまった。やっぱり、どれだけ指導者が我慢できるかですよね」

それ以後、もうひとつ変わったのが選手の起用法。日大三の監督になってからも、ダブルヘッダーでは2試合ともレギュラーがフル出場していたが、今は2試合目はレギュラー以外の選手を起用するようになった。

「今は1試合終わったら、2試合目なんていいんだよ。どうせ相手は戦力落としてくるんだからって、出てない選手をバンバン使う。その中でいい選手を見つけていくようになりましたね」

以降は、投手交代も躊躇することがなくなった。予定していたイニングを投げたら交代。勝敗よりも内容を重視するため、その後の投手が打たれて逆転されても構わないと思えるようになった。

「『お前は今日はここまで。代えて打たれてもお前のピッチングはよかったんだから、これでよし。負けてもお前（のせい）じゃない。練習試合はそれでいいんだよ』という言い方をしますね。練習試合まで勝たなきゃ、勝たなきゃというと、自信もつけさせられないし、負けたら『オレが投げてたら勝てたのに』って残るじゃないですか。勝ち負けにこだわると、自分もキリキリして選手のいいところを見られない、認めてやれない。監督って負けたらみんなダメにしちゃうじゃないですか。それはなくなりましたね」

多くの選手を使うようになったきっかけに、２００９年秋の東京都大会での経験がある。10月に野球部内で新型インフルエンザがまん延。手薄なメンバーで大会を戦わざるをえなかった。同じことがないようにと、冬の練習では「１人２ポジション」を合言葉にした。ひとつのポジションでノックを受けると、ひとつずつ横に移動。サードはショート、ショートはセカンド、セカンドはファースト、ファーストはサードへと守備位置を変え、どのポジションも経験させるようにした。内野手を外野手、外野手を内野手に入れて練習もした。複数ポジションを守れる選手づくりを始めた。

これが活きたのが10年のセンバツ準決勝・広陵戦。この試合では16人を起用したが、大きかったのは4対5で迎えた8回裏、同点に追いつき、なおも一死二、三塁の場面で九番の捕手・鈴木貴弘のところに代打・清水弘毅を使えたこと。清水が一塁強襲の勝ち越しタイムリーを放つと、打線がつながり1イニング10得点。9回の守備では加藤裕哉がマスクをかぶった。

「加藤は、ベンチに入れるか入れないか、最後の最後まで迷った選手だったんです。キャプテンの大塚（和貴、捕手・背番号2）が肩を壊していて、キャッチャーが手薄というので入れたんです。あの場面で『キャッチャーがまだ残っている』から代打を送れたんですよ」

大雨の中で行われた試合で、グラウンドはぐちゃぐちゃ。投手はストライクが入らず、内野ゴロは打球が止まってしまうような状況で、経験不足の捕手に不安はあったが、「ベンチに入れた以上、使わなければ意味がない」と割り切れたのが勝利につながった。

決勝の興南戦では、5対5で迎えた延長12回表一死一塁からエース・山﨑福也（現オリックス）の暴投で一死二塁になると、三塁手の横尾俊健（現北海道日本ハム）、捕手の鈴木以外、一気に7人のポジションを入れ替えた。2四球で一死満塁となったあと、三塁前のボテボテのゴロで横尾が本塁悪送球。思い切った策は実らなかったが、それまではできなかった攻めの守備だった。

多くの選手を起用するようになったのには、常総学院の木内幸男元監督の存在もある。木内監督が最後の年となった11年の練習試合。同点の最終回、二死一、二塁の場面だった。常総学院のマウンド上には左投手。日大三は左打者の三番・畔上翔。畔上が三塁線に痛烈なファウルを打ったところで木内監督が動く。畔上を歩かせて満塁にすると、四番の右打者・横尾のところで右の下手投げの投手をマウンドに送ったのだ。

「練習試合だから（投手を代えずに）、『打たれたって構わない。抑えてみろ』と言ってもいいところ。そうせず、この場面で甲子園で使えるか使えないかを試しているんだなと。だから、この人は勝っているんだなと思いましたね。甲子園でも、『この場面でこんなヤツ出すの？』ってことあるじゃないですか。あれは、マジックじゃないなと。監督としたら、練習試合で使っていなければ使えない。木内監督のあの采配は、ひらめきなんかじゃなくて『ここでこういうことはやっとかなきゃいけない』ということ。それからですよ。いろんな選手を使うようになったのは」

18年夏の初戦・折尾愛真戦では七番スタメンで背番号15の上野隆成を起用。上野は3打数3安打4打点の大当たりで勝利に貢献した。

「左ピッチャーだから上野だと。春の国士舘との決勝でも左ピッチャーからホームランを打った。左からは打つんですよ。普段は使ってないんだけど、左なら絶対いこうと思ってました」

多くの試合に使い、できることとできないこと、得意なことと不得意なことを見極める。これによって選手起用に幅ができ、思い切った采配ができるようになった。練習試合のあり方の変化が、柔軟な選手起用を可能にさせている。

小倉全由のセオリー 41

試合前ノックは普段通りにやる

奇をてらったことはしない。

いつも通り、当たり前のノックを当たり前に打っていく。

「7分間、普段やっていることをそのままやるだけですね。3つめのバウンドぐらいで捕りやすいように合わせて打ちます」

あくまでも、自分たちはいつも通り。むしろ注目するのは相手のノックだ。

「よく派手なことをやる監督がいるじゃないですか。あれはナンセンスだと思います。相手のチームに『オレはこんなことまでやってるんだよ』って見せるもの。若いときは、『この学校、こんなことまでやるのか』と見ちゃったときもあるけど、今はわざわざこんなことをやんなくてもって見てますね」

バックホームで最後の1人になると打球を左右に振って飛びつかせる学校、バックホームしたあとに捕手前にダッシュさせ、トスしたフライをダイビングキャッチさせる学校……。大事な公式戦前にわざわざやる必要はない。

「ユニフォームが汚れるし、ケガをしたらどうしようもないですからね。それよりも、自分のチームの雰囲気をつくるためのノックでいいと思います」

ノックはショーでもなければ、相手を威嚇するためのものでもない。自分たちの準備をするためにやるもの。だからこそ、いつも通りに淡々とやる。それが、小倉監督の考え方だ。

小倉全由のセオリー 42

夏の大会前に1日完全休養する

夏の大会前は、大会の開幕に合わせて調整するのが一般的。それは、小倉監督も変わらない。

だが、小倉監督が多くの指導者と違うのは、1日完全休養日を設けることだ。

「7月の第1週にある期末試験が終わると、自分の場合は、一度家に帰すんですよ。1日フルに休ませる。そこで1日休ませるのは珍しいかもしれないですね。休ませてリフレッシュというか、テストの疲れを取るためにゆっくりさせて、『さぁ、やるぞ』って気持ちで帰って来させる」

自宅で気持ちをリセットしてから、大会に向けての調整に入っていく。期末試験が終わると授業はなくなるが、練習量は普段の3分の1程度。疲れを取り、体調を整えることを優先する。

「ウチはたいていシードだから初戦が10日過ぎ。そうすると、1日休んで5日間ぐらいあるんです。髙嶋さん（仁、智弁和歌山元監督）みたいに甲子園に合わせる人もいますけど（『智弁和歌山・髙嶋仁のセオリー』29を参照）、自分は東京大会に合わせてやりますね。練習は、だいたい午前に守備をやって、食事を摂って、午後にバッティングやって終わり。昼寝の時間もつくります。夏の暑さ対策というのは、どれだけ休養させるかだと思います」

組み合わせを見て、あらかじめ先発投手を決めて伝え、自分の登板日に合わせて球数を調整させていく。大会前だからといって、野手も特別なことをやることはない。

「今までやってきたんだから、ここへきて何ができている、できていないなんていうのはない。バッティングも、気分よく打てるようにやらせますね」

最後の夏を迎えても、焦らず、あわてず。やりすぎに注意し、気分よく大会に入れるよう気を遣う。

「三高は3年から5年で監督をクビになっている人が多いから、元監督が多いんですよ。その人たちに『休ませるのは勇気だ。お前、よく休ませられるな』って言われましたね。自分は『休んだほうが気分よく練習できますよね』って言うんですけど。これは、自分自身が家でリフレッシュして帰ってきて、すっきりしたいい気持ちで練習をやれるのと同じだと思うんです。1日休んで、『これからやるぞ』でいいと思う。休みをうまくつくればいいんじゃないかと思います」

試験中は深夜まで勉強するなど疲れとストレスがたまる。それが1日の休養で飛んでいくなら、休まない手はない。休まないのは、指導者が不安を取り除くためでしかない。小倉監督にとって、テスト後の1日休養は、スイッチを切り替えるために欠かせない手段なのだ。

小倉全由のセオリー43

足が遅くても打てる選手を一番に置く

「一番は絶対に打てるヤツですね。絶対塁に出てくれる一番じゃないと、嫌。打って（塁に）出るヤツがいい」

打順を組む際、小倉監督らしさがもっとも表れているのが一番打者だろう。夏の甲子園を見ると、1985年に関東一で初出場したときの寺島一男が4試合で4盗塁、2001年に優勝したときの都築克幸が6試合で3盗塁を記録しているが、この2人を除くと一番打者は23試合で1盗塁しか記録していない。小倉監督には、野球のセオリーにある一番打者イコール俊足という考えはない。

「足が遅くたっていい。少々走れなくたって、デカいの打っちゃえばいいんだよって感覚だから。一番で、そのゲームのしょっぱなの打席で（バットの）芯食わねえヤツは大っ嫌いですね」

小倉監督の言葉通り、04年の松島侑也は170センチ、78キロ、05年の江原真輔は178センチ、

表2　小倉監督が率いた関東一、日大三の夏の甲子園　打順別成績

打順	打数	安打	打点	三振	四死球	犠打	本塁打	盗塁	打率	出塁率
①	139	51	26	11	15	10	4	8	.367	.429
②	117	35	10	21	22	17	1	2	.299	.410
③	136	39	23	25	16	2	6	3	.287	.362
④	126	52	31	18	21	4	6	4	.413	.493
⑤	122	47	25	19	16	8	2	4	.385	.453
⑥	107	39	22	18	10	11	2	5	.364	.415
⑦	105	37	21	22	15	10	3	0	.352	.433
⑧	112	37	28	18	10	7	0	0	.330	.385
⑨	85	18	3	24	10	10	0	1	.212	.292

83キロとがっしりした体躯。決して一番打者タイプではない。だが、松島は初戦のＰＬ学園戦で６打数６安打。さらに次戦の駒大苫小牧戦でも１、２打席目に安打を放って８打席連続安打の大会タイ記録をマークした。江原も初戦の高知戦で本塁打を含む２安打を放つなど強打の日大三らしい打力を見せた。

彼らのように積極的に振っていくのが小倉監督の求める一番打者像。一番打者の成績を見ると、打席数がもっとも多いにもかかわらず、三振はもっとも少ない。それでいて、本塁打は三番、四番に次ぐ４本を記録している（**表2**）。他のチームならクリーンアップに座るような選手がトップにいるのだ。もちろん、ただ打つだけではなく、しつこさがあるほうがいい。優勝した11年も一番打者がキーポイントになった。春のセンバツでは高山俊が一番を打ったが、夏に切り込み隊長の役割を担ったのは春に五番だった清水弘毅。清水は打率・３４８、出塁率・４６４の数字を残した。

「出塁率を見ると高山より清水がよかった。清水は打つし、フォアボールでの出塁が多かった。高山はいいか悪いかだから、フォアボールで出ることはないんです。印象に残る打球は打つんだけど、あっさりしてるところがある。一番があっさりしてたんじゃダメですよね」

二番は打てる左打者。なおかつバントができる選手が理想だ。

「二番は打って出られる選手ですね。それと、いつも言うのは『オレが心配しないでスリーバントを出せる選手になれ』ということ。それは大事にします。ただバントするだけじゃなくて、エンドランもかけたい。『エンドランが決まらないときにバント。2—2からでもバントのサインを出せて、ボールを見送って3—2になったら、ストライクエンドランができるのが二番だよ』って言うんです。バントをファウルにしたっていい。2球目にバントもあるし、ボールが来て平行カウントになったらもう一回バントを見せながら、カウントが苦しくなっても難なくバントを出せるのが二番ですね」

小倉監督の中で、理想の二番打者だったのが01年に優勝したときのサード・野崎将嗣。

「監督がサイン変更しても、それについていけるんですよ。バントのサインを出してファウルになる。カウントを整えてエンドランに切り替える。2—1からエンドランでファウルになっても、2—2からでも余裕を持ってスリーバントを出せるんです。選球眼がいいから3—2まで投げさせてエンドランに切り替えることもできた。あいつが一番いい二番だと思いますね」

クリーンアップには〝強打の三高〟打線の中でも打力のある打者が並ぶため、一、二番がどれだけ塁に出られるかがポイントになる。

「まずはトップ。嫌なトップですね。関東一高のとき、帝京の強さを見たら、初回に一、二番のどっちかが絶対出るんですよ。一、二番で2アウトというのがないんです。二番ってそういう選手でもなきゃいけない。ただバントじゃなくて打てる。昔の帝京は一番にいいのがいて、二番がまたしつこい。相手から見て嫌なんですよね。それは、対戦しながら勉強させてもらいました。一、二番がいい打球を打てば、みんな『これはいける』という感じになる。やっぱり、打てるヤツを置きたいですよね」

三番はもっとも信頼のある打者、四番、五番は打てるだけでなく、勝負強い選手を置く。

「野球って三番、四番、五番じゃないですか。その中で、一番確率が高くバランスのいいのが三番ですね。足があって、自分からも切り込み隊長でいけるような選手。2アウトからでも出て走って、四番につなげられるような。理想からいったら、クリーンアップの3人の中に右は入れたいですね。左が多い時代だから」

四番、五番が4割5分を超える高出塁率を誇るため、六番以降にチャンスが回ることも多い。

「強いときはいいのを六番に置けるし、六番がいい働きをする。六番は下位の中心選手でキーなんですよね。11年は菅沼（賢一）がいいところで打った（打率・435、2本塁打。四番の横尾、五番の高山に次ぐ8打点をマーク）」

小倉監督の打線がすごいといわれるのは下位打線もまた打つからだ。七番、八番も打率・330以上をマーク。七番でも3本塁打、八番は四番に次ぐチーム2位の28打点を記録している。低打率なのは投手が入ることの多い九番だけだ（163ページ表2）。

「自分の場合は一番から九番までみんなが打ってくれないと嫌なんです。打たないとイライラしてきますから。ウチはピッチャーもバッティングをやります。打ってくれないと嫌。そうはいっても、ピッチャーで打ったのは山崎（福也）だけ。あとは櫻井（周斗、現横浜DeNA）ぐらいですけどね」

10年センバツ準優勝投手の山崎は、2年夏はファーストで五番。投手になっても五番を打ち、センバツでは大会タイ記録となる1大会13安打を記録した。

ちなみに、小倉監督が選ぶ歴代最強打線はチーム打率・427を記録した01年。切り込み隊長・都築にはじまり、理想の二番・野崎、内田（和也、元ヤクルト）、3試合連続本塁打の原島（正光）、齋藤達則のクリーンアップは勝負強かった。90年ぶりの4試合2ケタ得点、史上4度目の6試合連続2ケタ安打を記録した11年も強打であったのは間違いないが、01年にはしつこさや泥臭さがあった。その中でも、やはり光るのが都築の存在。6試合で打率・571、2本塁打。チーム2位の9打点を記録した。

「あんなのが相手にいたら嫌ですよ。ヒットを打っても嫌だし、ランナーに出てもニタニタして。あいつの雰囲気は素晴らしい。それに勝負強いし、あんなヤツいないですよ」

小倉監督の中で歴代最高の一番打者がいた年が最強打線。こんなところにも、小倉監督が一番打者を重要視することが表れている。一番打者こそ、チームの顔。相手チームへの印象を決めるのだ。

小倉監督が選ぶ歴代最強打線は2001年。一番·都築克幸を筆頭に、しつこさ、勝負強さで際立ったチームだった

小倉全由のセオリー 44

好投手相手には打席でスライダーが見える位置に立つ

甲子園で活躍する投手の共通点はスピードがあることだけではない。ストライクからボールになる変化球を投げられることだ。このボールに手を出せば負けるし、見極めることができれば勝てる。三振を取られるのは、ほとんどがボール球の変化球だ。

「まず言うのは、『いいピッチャーのスライダーは全部ストライクじゃない。ボールだから、スライダーに手を出さなきゃ打てるよ』と。それと、相手がいくらプロ注目のいいピッチャーでも、『オレが今まで見た中でこれは打てないと思ったのは松坂（大輔、横浜高、現埼玉西武）だけ。他のピッチャーで打てないと思った投手はいない。松坂以上のピッチャーはいないよ』って言います。特に右のいいピッチャーのときは絶対言いますね。あとは『真ん中に来たボールを打ちゃいいんだよ』って」

小倉監督が強烈に覚えているのが、２００１年センバツの1回戦・姫路工戦。相手のエースはその年の秋に巨人からドラフト1位指名される真田裕貴だった。秋の公式戦の防御率は0・86。センバツでその大会の最速となる144キロを記録した速球を武器にする大会ナンバーワン投手だ。

「あのとき、タツ（五番の齋藤達則。小倉監督のおい）に教わりましたよね。『打席の前に立ったら、スライダーがストライクかボールか見える』と、試合中にタツが言ったんですよ。『その代わり、インコースに来ても逃げるな。逃げたらスライダーは見えないよ』と。タツがそう言ってからですよ。みんなが打ったのは」

7回裏に内田が内側から入ったスライダーをバックスクリーン左に打ち込むなど、13安打2本塁打を浴びせて8得点。あの試合以降、小倉監督は齋藤の言葉を引用しながら、選手たちに指示を出している。

「打席の位置を選んで、スライダーが見えるところに立てって言います。『（球が）当たっても、ひじ当てをつけてるんだから。顔に来れば誰だって逃げるから。逃げなきゃ見える。真田のボールが見えたって人間がいるんだから、できる。今も真田以上のピッチャーはなかなかいないよ』って」

真田は高卒1年目からプロの一軍で6勝するほど完成度が高かった。その投手を打ち崩したことが、今も自信につながっている。

「スライダーは、ストライクからボールになるならいいボールだけど、内から来たらホームランボール。外は打てないから、そこを見られれば絶対打てるよって。スライダーほど飛ぶボールはないし、全員がスライダーをアウトローにもってこられるかといったらそうじゃない。真ん中に抜けるんだから。まっすぐのタイミングでいって、スライダーを打っていったら、左中間に入るんだよとは言いますね」

ホームベースを真ん中から2分割して、真ん中より外側なら見逃す、内側なら打つ。架空のラインをイメージして、それより内か外かで打つか打たないかを見極めるのだ。その際に注意することはひとつ。

「スライダーの空振りはいいから、三振していいよって言いますね。三振しちゃいけないなんて思うな。その代わり、ボールを追っかけての三振はダメだよと」

ボールから逃げず、追いかけない。軸を崩さず、ひきつけて見ることができれば、架空のラインもぶれずに正確に見極めることができる。打ちにいって、どれだけ止まることができるか。ストライクからボールになる相手の必殺スライダー。この球にさえ手を出さなければ、自然と甘い球が来る。それができるからこそ、日大三打線は、全国の好投手が相手でも打てるのだ。

小倉全由のセオリー **45**

相手ピッチャーを見てタイミングを取るポイントを教える

バッティングはタイミングが命だ。

いくらいいスイングをしても、タイミングが合わなければ打てない。その意識があるから、小倉監督は相手投手を注意深く観察する。

「シートノックのときに、ブルペンで投げている相手ピッチャーを見てますね。『この子は1、2、3で来るな』とか『1、2で来るな』とか。自分の見方なんだけど、そういうのはすごく見ますね」

試合が始まり、思うように打てない場合は、どのタイミングで始動すればいいかをアドバイスする。

2019年に練習試合で近江の左腕・林優樹と対戦したときは、選手たちにこんな言葉をかけた。

「林は足の上げ方が大きい。あの足に惑わされちゃダメだよ。足が上がったあと、（手が）分かれて来るんだから、そっからだよ。足を上げたところで、自分が何かやってるから打てねんだよ」

このアドバイスが効いて、三高打線はU―18日本代表左腕を滅多打ちにした。

1999年秋の神宮大会のときはこんなこともあった。準決勝のPL学園戦。序盤は相手先発の左腕・冨高淳に5回まで2安打に抑えられていた。6回表に3安打2四球、相手失策などでようやく4点を奪って降板させると、右腕のエース・植山幸亮が出てきたところで、小倉監督はこんなアドバイスを送った。

「手が上がってからタイミングを取れ」

このアドバイスは効果てき面。三高打線が爆発する。8、9回はともに打者一巡の猛攻。2イニングだけで14安打11点を奪い、15対5で圧勝した。

「自分がバッティング好きだからかな。相手ピッチャーのモーションはよく見ますね。よく足の上げ方で惑わされる。そういうときに『ここで（タイミングを）取れ』と特に言います」

変則モーションの投手には慣れるまで時間がかかる。球が速くなくても抑えられると、「こんなはずじゃない」という気持ちが生まれ、焦っていつもの力が出せなくなる。そうなる前に、小倉監督は自分でタイミングを合わせ、始動するポイントを伝えるのだ。

小倉全由のセオリー 46

甲子園滞在中も普段と同じ数のスイングをする

とにかく数多く振る。

それが日大三の練習だ。フリーバッティングの3か所の横でロングティー、バックネットの前でティー打撃。夕食後も個人練習として寮に併設された室内練習場で打ち込む選手がいる。少なく見積もっても、1日1000スイングはくだらない。

普段これだけ打っていると、問題になるのは甲子園出場でホテルに滞在しているときだ。この期間は毎日、割り当て練習の時間が設けられるが2時間だけ。それも、日によって場所が異なるため、ときには公立高校のグラウンドを充てられる日もある。そうなると、施設面や安全面から打撃練習ができない場合もある。関西のチームなら自校のグラウンドでいつも通り練習することができるが、東京の学校にはそれはできない。日常的に1000スイングしている選手たちにとっては、打撃練習の不足はストレスになり、不安にもなる。甲子園のすぐそばにある夕立荘に宿泊しているときは、夜、甲子園の外壁に沿って普段と同じようにスイングするなど素振りの時間を多く取っていたが、それでも選手たちは物足りなさを感じていた。

この問題を解消するために小倉監督が考えたのは、いかに普段と同じ環境をつくるかだった。きっかけは、智弁和歌山の髙嶋仁元監督。2009年夏に甲子園に出場したとき、割り当て練習の会場が同じになったことがあった。雨が降っていたが、ガンガン打撃練習をする智弁和歌山の選手たちを見て、小倉監督は髙嶋監督に尋ねた。

「すごいですね。ボールはどれぐらい持ってきてるんですか?」

すると、髙嶋監督は平然とこう答えた。

「2000球ぐらいやな。2000あるから、これぐらいの雨ならいくら打ってもええんや。ウチはコンテナの中に自分のグラウンドと同じ練習ができる準備をしてきとんのや」

『智弁和歌山・髙嶋仁のセオリー』30にあるように、髙嶋監督はどんなグラウンドに割り当てられても、いつも通りの練習ができる準備を整えている。ボールはもちろん、防球ネットなどが足りず打撃練習ができないのを避けるためだ。それだけではない。打撃ケージを持ってきて、短時間での組み立て、解体の練習までさせている。小倉監督は、甲子園最多勝監督の準備の意識にハッとさせられた。

「あれを見て、あっと思いましたね。やっぱり、甲子園に来て全国制覇を狙う監督と、甲子園に出たからいいやという監督との違いだなと。それからは、甲子園に来たからには、まず練習をしっかりできるようにしました。これまでは、割り当てられたグラウンドにネットがなくて、『これじゃ危ないから今日はバッティングなしにしよう』という日があったんですよ。でも、髙嶋さんに見せられてからは、『練習できなかったからしょうがない』じゃなくて、できる準備はやんなきゃいけないんだと」

以後、甲子園に出るときは、運送業者に頼んで、ボール、ピッチャー前のネットなどを持ち込むようにした。

「どこに行っても三高のグラウンドでバッティングをやるのと同じ感じでできるようにです。あれからはお金かかってます（笑）。ボールも、それまではシートノックで使う分とちょっとあるぐらいだったですけど、今は相当持っていくようにしてます。２０００まではないですけど」

環境が整っていなければ、自分たちで整える努力をすればいいだけ。この他にも、宝塚にある硬式球が打てるバッティングセンターを借りて打つこともある。

「移動するのに時間がかかるんだけど、行って打たせますね」

甲子園期間中は多くの甲子園出場校がここを利用するが、喜々として打ち込む日大三の選手たちを見て、バッティングセンターの係員が小倉監督にこんなことを言った。

「三高ほど、（借りている）２時間、最初から最後まで全員が打ってるチームはありませんよ。普通、こんなに打てません。それが他の学校と違うとこですわ」

2時間打つのには体力が必要だ。飽きずに続ける集中力もいる。日大三の選手たちは、それだけ振り続ける体力とバッティングが好きという気持ちがあるということだ。

11年の秋に神奈川で行われたアジアAAA選手権では、こんなエピソードもある。日大三の打者では畔上翔と横尾俊建の2人が日本代表に選ばれていたが、時間や場所の問題もあり、練習量が足りなかった。そこで畔上が渡辺元智監督（当時横浜高監督）に「バッティングの数が少ないので、どこかで打てませんか」と依頼。東芝の雨天練習場を借りて打ち込んだ。その大会で日本は優勝を果たしたが、大会が終わって解散する朝も畔上はバットを振っていた。渡辺監督が「日大三高の強さを見せてもらった」と驚いていたが、それぐらい振るのが習慣になっているのだ。

関西に道具を運び込むようになってからは、10年センバツで準優勝、11年センバツでベスト4、11年夏は優勝、18年夏はベスト4と勝ち上がることが多くなった。いかに、いつもと同じ環境を準備することができるか。選手たちの不安を解消したことが、好成績につながっている。

小倉全由のセオリー 47

初球からスイングする

「真ん中の甘い球をしっかり振れ」

小倉監督が、選手たちに口酸っぱく言うことだ。日大三のような強打線は「どんな球でもヒットにしてしまう」というイメージを持つ人がいるが、実はそうではない。甘く入ってきた球を逃さず、確実にとらえる能力が高いのだ。難しい球を打つのではなく、打ちやすい球をミスなく打てるかどうか。これが打撃のカギになる。

「自分はアウトローの打ち方とか言わないな。アウトローに来たスライダーは打てないっていう考え。それに、2ストライクを取られたら、誰だって、三振したくないから打っていくんだから。その代わり、『2ストライクを取られる前に、甘いボールを打つんだ』って言いますね。強いチームは初球からいきますよね。特にチャンスのとき、相手がきついときに甘いボールを逃さないでパカーンっっていきますよ。フォアボールでランナーがたまる前に打っていきますよね」

甘い球がきたら、積極的に振っていく。その習慣をつけるために、試合形式の練習では、カウントを設定するようにしている。

「初球から打つ勇気のないヤツは結果が出ない。そう言います。設定するカウントは2ボール1ストライク、1ボール1ストライク、2ボール2ストライク。できるだけ甘いボールを逃さない、振らなきゃいけないカウントで練習させます。その意識づけは徹底しますね」

くり返し練習し、習慣になるまでやる。立ち上がりはもちろん、接戦の終盤など、どんな場面でも初球から振れるようにするためだ。

「初球から打っていけるかどうか。これも性格ですからね。劣勢になればなるほど（バットが）出ないヤツは出ないです。振れないのは、自信がないんだろうな。練習では打ってるけど、練習と同じ打球をゲームで打つのは難しいですから」

毎年強打線を率いる小倉監督の中でも、印象に残っているのが１９８５年夏に甲子園初出場を果たしたときの関東一打線だ。初戦の花園戦で18安打、２回戦の国学院栃木、３回戦の日立一戦で９安打、準々決勝の東海大甲府戦で16安打と初の大舞台で力を発揮した。

「あのときの関東一高のヤツらは思い切りよかったなぁ。相手からしても、振る選手が一番怖いですよね。ベンチで見てて、初球から甘い球を振るのは怖い。だからこいつら強いんだなって思いますもん」

いかに迷いなく、初球から振れるか。迷いのないスイングができるかどうかが、小倉監督の求める姿勢だ。

「空振りでもいいスイングならヒットにつながる。バットを振らない選手には腹立ちますね。振らない選手は使わない？　そうですね。振るヤツがいいです。やっぱり、振るヤツが魅力あるなぁ」

凡打を恐れず、初球から振る勇気を持つ。これこそ、強打線への第一歩なのだ。

小倉全由のセオリー **48**

エンドランを使う意味を考える

強打のチームだが、采配は堅実。それが、小倉監督のスタイルだ。強攻策に頼ることはせず、バントやエンドランを使って走者を進める。

「もちろん、全部が全部じゃないですよ。なんでもバントならアウトくれるから楽だし、全部エンドランならボールが来て相手にラッキーが出てきますもんね。打てるヤツは打てるボールを待っていったほうが確率が高い。2011年に優勝したときのクリーンアップなんかは、2ストライクに追い込まれるまでエンドランはないからって言ってました。やるならせいぜいカウント2―2か3―2しかない。それまでは自分の打てるボールをしっかり待ってろと。そのほうが確率が高いし、打たれるのが一番怖いですもん」

決まりごともある。送りバントでは、初めからバントの構えはしない。

「最初から構えると硬くなるんです。『早く構えろ！』ってヤツもいますけどね。そこはあんまりこうだとは決めてません。バントは構えだけですからね。構えがしっかりできればできる」

エンドランも、基本的な意識を説明している。「エンドラン＝空振りしてはいけない、当てにいく」という選手がいるからだ。

「エンドランでも打てるボールは逃さないということ。真ん中から内寄りに来れば積極的に打つ。レフト線を抜いて点を取ればいいんだから。昔は右に打てば『ナイスバッティング』と言われたけど、監督になってみるとナイスバッティングじゃない」

アウトカウントごとにやるべきことも言う。

「ノーアウトなら絶対にゴロを転がしなさい。最低二塁にしろと。あとは、ライナーでゲッツーになっちゃったらしょうがねえんだから、思い切って、割り切って自分のバッティングをやれと言います。ワンアウトなら、低い打球でいこうだけ。フライはダメとは言いますけど、ゴロを転がせとは言いません。ツーアウトは、思い切って自分のスイングをして、いい打球を打つしかない。自分が生きなきゃダメなんだから。ツーアウトでゴロを転がすスイングするヤツいるじゃないですか。『バカヤロー、てめぇが生きなきゃチェンジだろ』って言いますね」

あとは、監督自身の問題。エンドランのサインを出すときは、迷いなく、思い切って出すと決めている。

「エンドランで自分に言い聞かせているのは、9回3点差で負けていて、『このエンドランが決まらなかったらお手上げだ』という割り切ったエンドランを出せるかということ。『ゲッツー食らったらどうしよう』と思いながら出してるんじゃダメ。最後は『これが決まらなかったら負けだ』ぐらいの勇気が必要」

ただ打つだけでは相手が楽になる。策は策として用いる。だが、中途半端な気持ちでは出さない。それが、小倉監督のポリシーなのだ。

小倉全由のセオリー49

無死一、二塁で勝負をかける

無死一、二塁――。

攻撃側にとっては、チャンスではあるが悩む場面だ。

「難しいですよね。下手に打たせてゲッツーだと、そこでゲームが止まっちゃうことがある。初回なんか、特にあるじゃないですか。三番に打たせたらゲッツーって」

セオリー39（151ページ）で紹介した2005年夏の宇部商戦のように、小倉監督には、無死一、二塁に苦い思い出が多々ある。特に悔やまれるのが、16年夏の西東京大会準決勝・東海大菅生戦だ。0対4で迎えた6回表、2点を返してなおも無死一、二塁。ここで三番の坂倉将吾に回った。1年秋に四番を任された坂倉は、その秋のドラフトで広島から4位指名を受けた高校通算25本塁打のスラッガー。強打の日大三打線の中でも、もっとも信頼の置ける打者だった。

ここで、小倉監督が選択したのは送りバント。5回まで内野安打1本に抑えられていたこともあり、「1点はほしい」という想いから出したサインだった。坂倉はバントを決めたものの、後続が倒れて追加点はならず。7回以降も得点は奪えず、結局、2対4で敗れた。

「あれは終わってからすごく悔いが残った。一番いいバッターで左バッターなんだから、『ゲッツー食らったらしょうがねえんだ』って、打たせなきゃダメだったなと。自分の失敗ですね」

この経験が活きたのが、17年秋の東京大会決勝・佼成学園戦。3対4とリードされて迎えた9回表だった。無死一、三塁からキャプテンの日置航がレフト前にタイムリーヒットを放ったあとの無死一、二塁の場面だった。打席には四番・大塚晃平。右打者でもあり、併殺打が怖い場面だ。日大三は先攻。同点止まりではなく、一気に勝ち越したい。

確実に送るか、思い切って打たせるか。小倉監督が選んだのは「打て」だった。大塚は期待に応え、2—0からの3球目を打って右中間の真ん中を破る二塁打。これで1点勝ち越すと、打者一巡の猛攻で一挙に8点。試合を決めた。

「迷いなく打たせました。坂倉のときの反省ですね。今でも坂倉に申し訳なかったと思っちゃう。あれ以来、『こいつはウチの三番だ、四番だ』というときは、打たせることが多くなりましたね」

信頼する選手なら、迷うことはない。肚《はら》を据えて勝負をかけることが必要なのだ。監督がダブルプレーを怖がっていては、いい結果は生まれない。チームに勢いも生まれないのだ。

小倉全由のセオリー 50

試合前は打撃練習よりも休養優先

公式戦の試合前は打撃練習をしてから球場入りする。強豪私学にはそれをルーティンにしているチームが多い。智弁和歌山の髙嶋仁元監督は、甲子園のかかった秋の近畿大会では朝4時からバッティングをして球場入りしたほどだ（『智弁和歌山・髙嶋仁のセオリー』24を参照）。ところが、小倉監督は違う。

「ウチはやんないですね。（球場に行く）バスが出る前に個人で打ってるヤツはいますが。神宮の室内を借りて神宮に入るチームもあるじゃないですか。そういうのはやったことない。関東大会に行くと、『練習会場はどうしますか』と訊かれるけど、『用意してもらわなくていいですよ』って。神宮に行っても、球場の周りを走るアップぐらいしかできないんだから。全員強制で何時からバッティングをやるぞというのはやったことがない。みんなでガンガン打ってる雰囲気はないですね」

甲子園では試合前にアルプススタンド下の室内ブルペンが使えるためバッティングをするが、特別に対戦相手を想定した打撃練習はしない。

「相手が左ピッチャーなら左を投げさせたりはしますけど、それ以上はしない。普段の練習で打ってるわりにはやらないほうですね」

打つことよりも、小倉監督が重視するのはコンディショニング。

「朝にどえらい早く起こして打っていくのはプラスとは思えない。何が一番大事かといえば、出発までできるだけ長く寝かせること。朝が早かったら早く寝かせるし、睡眠時間は7〜8時間はとります。合宿生活の場合、『オレは10時じゃないと寝られない』というんじゃ困っちゃう。寝るといったら寝るようにしないと。神宮に行く場合、早いときだったら6時前に出ますからね。そうすると、4時半か5時には起きて食事ということもある。バスを何時に出すと決めて、その前に余裕をもって食事を摂る。あわてない感じで時間を組みます」

基本的に小倉監督の方針は、「甘い球を打て」だ。対戦相手によって、狙い球を徹底したり、細かい対策を立てたりはしない。当日になってジタバタしても仕方がない。試合で打つための準備はそれまでにやってきた。そんな想いもあるから、打撃練習にこだわらないのだ。打つよりも休むこと。そのほうが試合でいい結果が出る。小倉監督はそう考えている。

小倉全由のセオリー 51

劣勢のときこそ積極的に振る

強いチームや能力の高い選手が力を出せない原因。そのほとんどが、精神面にある。

特に、勝てると思っていた試合でリードされる展開になると、焦りから自分のプレーができなくなる。

「実際にやったことがあるんですけど、簡単な計算問題をいっせいにやらせて、できた順に『できた』と言わせるようにすると、周りの『終わった』という声でパニックになって冷静に考えられなくなる。勉強ができるヤツでもできなくなるんですよ。だから、練習でもそういう状況をつくっていかなきゃいけない」

日大三で行うのは内野のノーエラーノック。ゴロを捕球したらホームへ送球するだけだが、エラーしたら全員でダイヤモンドを1周。息が切れた状態のままノックを受け、全員がノーミスでできるまで続く。

「脈拍が上がると冷静にできなくなる。ハーハーいう中でどれだけ早く冷静になれるか。そういう練習をやるようにしてます」

ただ、強打が売り物の日大三。もっとも重要なのは、リードされた試合終盤での打撃だ。焦りが出ると、自分のバッティングができなくなる。狙っていない球に手を出したり、甘い球に手が出なかったり、力んで開きが早くなったり……。だから、小倉監督は選手たちに練習試合のときから口酸っぱくこう言う。

「点差があくほど、自分のバッティングができなくなるもんだからな。劣勢になるほど思い切り振らないとダメだぞ」

まさに、この展開になったのが2018年夏の甲子園準々決勝・下関国際戦だった。下関国際のエース・鶴田克樹の前に三高打線は沈黙。7回二死で中村奎太がレフトへポテンヒットを放つまで、無安打に抑えられていた。「なんとかこれでノーヒットノーランを食らわないですんだ、ぐらいですよ」。7回を終わって1安打。0対2とリードされ、敗色は濃厚だった。

ところが、8回裏。〝強打の三高〟が目を覚ます。先頭の七番、5回に代打で出場しファーストの守備に就いていた飯村昇大がセンター前ヒットで出ると、八番の柳澤真平がライト線に痛烈な二塁打を放って二、三塁。さらに代打の高木翔己もセンター前にはじき返してあっというまに同点に追いついた。特筆すべきは、3人すべて初球攻撃だったこと。主力打者ではない選手たちが、敗戦がちらつく展開でいつも通りの打撃をしたのだ。四死球でもいいからなんとか出塁して上位につなごうとなりがちな場面で、積極的な姿勢は目を引いた。

「3人がよく振りましたよね。選手に言ってるのは、『劣勢になればなるほど、自分のスイングができなかったら突破口は開けないよ』ということ。劣勢になっても自分のバッティングができるかどうか。『打てなかったらどうしよう、なんて思ってたら結果は出ないよ』と」

このあと、二死三塁から三番・日置航が放った決勝打はカウント1―1からスライダーを引きつけて逆方向に打った一塁強襲ヒット。1ボールからの2球目のスライダーを強引に引っ張ってファウルにした直後に修正して打ったものだった。

「ダメなときって、やっぱり、軸でしっかり振れないですよね。打たなきゃ、打たなきゃという思いから当てにいっちゃう。日置には『上体がぶれてるから腰をどっしり構えろ』と言ったんです。ファーストへの素晴らしい打球だった」

初球から積極的に振っていく。積極的に振るが、打ちにはいかず、自分のポイントまで呼び込んで振る。劣勢の終盤でもこれができる。それが、日大三の強さなのだ。

小倉全由のセオリー 52

苦しいときこそノリノリの雰囲気をつくる

下町の暴れん坊――。

関東一ナインにそんな呼び名がついたのが、夏の甲子園に初出場を果たした１９８５年のことだった。この夏の決勝で初めて破るまで、関東一にとって帝京は目の上のたんこぶ。83年の東東京大会決勝で２対３で敗れるなど、甲子園への道を阻まれてきた。

「縦じまが大っ嫌いでしたね。前田（三夫）監督が憎くて、『あの前田だけには負けない』とやってました」

83年の夏に決勝で敗れたのをスタンドで見ていた選手たちが最上級生になった84年の秋、帝京に挑むも1対10で敗戦。冬に猛練習に励み、今度こそ対等に戦えると臨んだ85年の春も２対９で跳ね返された。帝京の選手は打つたびに関東一のベンチに向かってガッツポーズで挑発。それを見たセンターのキャプテン・寺島一男が、悔しさから地面にグラブを叩きつけると、その行為を審判に注意されるという屈辱を味わった。

「なんで帝京はよくてオレらはダメなんだよ」と涙を流す選手たちに、小倉監督は「お前らは弱いから勝てねぇんだ。悔しかったら、強くなるしかねぇんだ」と返した。夏の目標はただひとつ、〝打倒・帝京〟だ。甲子園出場よりも、帝京に勝つことに執念を燃やして練習した。そして迎えた夏の東東京大会。関東一、帝京ともに順調に勝ち進み、決勝で三たび帝京と戦うことになった。

試合前日、決勝を展望するテレビを見ると、話題はその年の春のセンバツで準優勝している帝京のことばかり。おまけに前田監督が「関東一高？　まだまだですよ」とコメントしたのを聞いて、選手たちはもちろん、小倉監督にも火がついた。

「お前ら、なめられてるぞ。帝京とやるときは何してもいいぞ！」

「お前ら、最初から関東一高に来たいと思ってたヤツいるのか？　そんなのいやしないよな？　帝京の前田に断られたとか、東海大浦安にお前の頭じゃ取れないって言われたヤツばっかりだろ？　見返してやれ！」

試合は4対3と1点リードで迎えた8回裏に関東一打線が爆発。8点を奪ったが、この猛攻には小倉監督の〝ハッタリ〟もあった。帝京のエースはセンバツ準優勝投手の小林昭則（元千葉ロッテ）だったが、「センバツ後は招待試合で走り込んでない。後半、必ず疲れが出る」と暗示にかけていたのだ。

8回一死満塁から二番の室井和孝が放った走者一掃の三塁打は、小林の131球目をとらえたものだった。田辺昭広、山本英俊の三、四番に加え、七番の塩田正広も一発を放つ花火大会。点を取るたびに関東一ナインはベンチから飛び出し、「ふざけんな、前田」と全員で帝京ベンチに向かってガッツポーズ。ノリノリのお祭り騒ぎで初めて帝京を破り、念願の甲子園初出場を勝ち取った。

あまりに派手にやったため、翌日、小倉監督は東京都の高野連理事長に謝罪に行くことになるが、小倉監督はその席で理事長にこう言われたのを覚えている。

「小倉、あれはさすがにやりすぎだ。あんなことを甲子園でやったら甲子園から帰すぞ。でもな、初出場するにはあれぐらいの勢いがなきゃな」

格上のチームに対し、おとなしくしていたのでは力は出ない。やんちゃな選手が多いことを利用し、うまく乗せたことが力を発揮することにつながった。

「相手が強いから、もう〝当たって砕けろ〟です。『勝たなきゃ』じゃなくて、『やってやろーじゃねぇか』しかなかった」

これ以降はコンスタントに甲子園に出るようになり、特別なことはしなくてよくなったが、再び壁にぶつかるときが来た。2006年夏の決勝、斎藤佑樹を擁する早稲田実を延長10回、あと2アウトにまで追い詰めながら落とすと、07年夏、08年夏は準決勝で敗れ、3年続けて甲子園出場を逃したのだ。初出場した85年以降では監督を離れていた時期を除けば最長のブランク。さすがの小倉監督も余裕がなくなり、らしさを失っていた。

そんな小倉監督が目を覚ますきっかけになったのが、横浜隼人だった。09年の夏。西東京大会決勝を翌日に控え、小倉監督は神奈川大会の決勝をテレビ観戦していた。甲子園優勝の実績もある名門・桐蔭学園と初出場を目指す横浜隼人との一戦。小倉監督の目に飛び込んできたのは、重圧のある決勝にもかかわらず、笑顔でプレーする横浜隼人ナインの姿だった。

「選手がニコニコしてたんですよ。特にピッチャー（今岡一平）がニコニコして、ひょうひょうと投げるわけですよ。チームの力は絶対に桐蔭が上。実際に初回に桐蔭が三盗したのを隼人のキャッチャーが悪送球して簡単に点を取られる展開だった。それでも、隼人の選手はニコニコしてやってるんですよね」

試合は延長11回にもつれ込む大接戦となり、最後は相手のエラーで横浜隼人が6対5のサヨナラ勝ち。創部33年目で初出場をつかんだ。試合後、小倉監督は横浜隼人の水谷哲也監督に電話をかけた。

「おめでとう。よかったなぁ。オレも今日の隼人の選手たち、水谷の優勝を見て、忘れていたものを思い出させてもらったよ」

ミスしても下を向かず、笑顔でプレーすること。のびのびとプレーすること。関東一で初出場したときのことを思い出した。

「あー、オレが余裕なかったんだなって。オレが『勝たなきゃ、勝たなきゃ』『甲子園に出なきゃ』

と思って、選手たちを硬くしちゃってた。選手たちをやわらげることができてなかったと気づいたんです。隼人のゲームの雰囲気がすごくいいお手本になりました」

決勝に臨む選手たちに伝えたのは、「いい顔でやろう」ということ。監督自ら笑顔を忘れず送り出すことで、選手たちはのびのびとプレーできた。「勝たなければいけない」「打たなければいけない」という選手たちのMUST思考がなくなり、猛打爆発。日大二を19対2の大差で下し、4年ぶりの甲子園出場をつかんだ。

「もう一歩なのに、3年間勝てなかった。負けるわけにはいかない、勝たなきゃいけないって自分の表情が硬かったんでしょうね。隼人を見せてもらってそれに気がついた。選手たちに楽しくやらせなきゃいけない、監督がもっと笑ってなきゃいけないんだって。関東一高の初出場のときなんか、エンドランを失敗しようが、バントを失敗しようがベンチで笑ってた自分がいたことを思い出しました」

大きな壁を乗り越えるには勢いが必要だ。だが、せっかくチームに勢いがあっても、周りの見る目や結果を気にしすぎると、監督自身がその勢いを止めてしまうことになりかねない。邪魔をせず、選手たちを乗せてやる。ノリノリの雰囲気をつくってやることこそ、監督の仕事なのだ。

小倉全由のセオリー 53

全国の地方大会の流れを見る

「自分はすごく見るの。その大会の流れみたいなのは」

夏の甲子園を目指す地方大会。西東京大会を戦いながら、小倉監督は全国の様子を気にする。

「番狂わせが続く年ってありますよね。そういうときって、全国的に番狂わせがあるんですよ。ホントにありますよ。今年は気をつけなきゃダメだっていう年が」

スポーツ紙などでチェックするのは、強豪校の負け方だ。どのようなパターンで負けているのか。これにもだいたい共通点がある。多くはエースを温存する場合。二番手が先発してＫＯされるパターンか、ピンチでエースを投入するも一本タイムリーを打たれ、そのあとは抑えたが反撃が届かず、1、2点差で負けるというパターン。これが長年変わらない負けの法則になっているため、セオリー32（129ページ）で紹介している継投の考え方につながっている。

「全国の流れを見るようになったのは甲子園に出るようになってから。『絶対、甲子園に行かなきゃいけないいんだ』って思うようになってからですね。強豪が負けるのを見ると、『これは気をつけないといけない。あのパターンには絶対ハマらないようにしよう』っていうのはありますね」

センバツ優勝校や何年も甲子園に連続出場中の学校など、注目度の高い学校が負けるほどニュースになる。人間は思い込みによって言動が変わるもの。「強豪敗れる」というニュースが続けば続くほど、挑戦者は「オレたちもできるかも」とその気になり、観客も番狂わせを期待するようになる。危ないと感じれば、石橋を叩くような安全策も必要。周りの流れに呑み込まれないように気をつける。常連校だからこそ、小倉監督はこんなことも気にするのだ。

第5章

リーダーの心がけ

小倉全由のセオリー **54**

甲子園出場が決まるとスーツを買う

甲子園といえば、スーツ。

関東一時代から、甲子園出場が決まるとスーツを買うのが小倉流のならわしだ。

「自分はそれが楽しみですね。趣味はないし、正直言ってそれぐらいしか楽しみがないですもんね」

記念すべき甲子園用スーツの第一着を買ったのは１９８５年夏。自身初めての甲子園出場を決めたときだった。

「あのときは、船橋の東武（百貨店）に買いに行った。ハーフパンツにTシャツで行って、『お客さん、ウォッシャブルスーツはこちらです。スペアズボンがついて、いくらのがあります』なんて言われて、『ふざけんなよ。オレはもっといいのを買いに来たんだよ』なんて感じのバカヤローな小倉がいましたね（笑）。それまでもおかしなスーツを着ていたわけじゃないけど、甲子園に行くんだからキメていかなきゃと。『オレはこのスーツを来て甲子園に行くんだ』って感じだったですね」

そのときの流行にあったもの。おすすめのものを何着か出してもらって、その中から選ぶ。同時にそのスーツに合うネクタイも何本か出してもらい、最低２本。ワイシャツも合わせて一式をポンと買うのだ。

「前は、甲子園が決まったら春でも夏でも買いに行ってました。今は、クールビズで夏の抽選会ではネクタイをしなくていいから買わなくてよくなった（笑）。それでも半そでを買いに行きますけどね。春は決まったら今も買いに行きます」

自分へのご褒美。そして思い出。小倉監督の甲子園の記憶は、スーツとともにある。

「スーツを見たら、どの大会かわかりますね。自分の場合、体型が変わんないから全部着られるんですよ。関東一高のときよりも逆にやせてるぐらい。細身のスーツとかいろいろな型があるので、古いのはもう着ないですけどね」

うれしい出費は大歓迎。思い出のスーツをタンスにどれだけ増やすことができるか。それが、小倉監督のひそかな楽しみになっている。

55 一歩踏み出す勇気を持つ

決めるのは、簡単ではなかった。

関東一で監督を務めていた1996年12月。日大三から小倉監督に監督就任要請があった。センバツ優勝一度、準優勝二度の名門も平成に入って甲子園出場は一度だけと低迷。夏の甲子園は85年以来出場がなく、センバツも94年を最後に甲子園から遠ざかっていた。母校から声がかかったことは素直にうれしかったが、即断即決とはいかない。小倉監督は迷った。多くの人に相談すると、アドバイスは2通りあった。

「準優勝したんだから、関東一高にいたほうがいい。関東一高にいれば準優勝監督でいられるんだから。三高に行って勝てなかったら、何言われるかわかんねえぞ」

「せっかく声がかかったんなら、三高に行って甲子園に出して、初めて男だぞ」

安全策を取るか、勝負をかけるか。ふたつにひとつ。

「どちらも自分のことを思って言ってくれているわけです。それはありがたく感じたんですけど、自分の中で、『一歩踏み出さなかったら、結果って出ないよな』と思ったんです。怖がってたら、それ以上の結果はないんだから」

以前の日大三の監督といえば、結果が出なければ3年から5年で交代というのが定番だった。だから といって、「逃げていては男じゃない。クビが怖くて監督ができるか」。そんな想いから、日大三に行くことを決意した。

「三高に行って勝てなかったら、辞表を出せばいい。負けたら自分からいさぎよく去ればいい。『あいつ関東一高では勝てたけど、三高に行ったら勝てねえじゃねえか』と言われたって、『オレは関東一高では勝ったんだ』っていうのを、最後まで持っていればいいのかなと思ったんです。今の時代は違うかもしれないけど、あの頃でも、『スコップ一本あれば、女房、子どもを食わしていけるんだ。クビになっても、女房、子どもにメシ食わすためなら、どんなことでもやるよ』って」

そう思えたのには理由がある。小倉監督は、関東一で一度、監督をクビになっているからだ。

1987年のセンバツで準優勝したが、その夏の東東京大会では修徳に5対12で7回コールド負け。新チームも秋は国士舘に0対2で敗れてブロック予選敗退、88年夏も帝京に1対8で8回コールド負けを喫した。さらに秋もブロック予選で正則学園に0対1で敗退するなどふるわず、秋の大会後から小倉監督が練習に出られない状態になった。89年の3月に辞表を提出。形式上は辞任だが、勝てないことで周囲からの風当たりが強くなり、実質的な解任だった。92年の12月に監督に復帰するが、約4年間、野球から離れた。

「やっぱり、関東一高でクビになった4年が一番大きかった。あれがなかったら、クビになったっていいとは言えなかったと思います。一度経験したことで、クビになることが怖くなかったですね。それと、何もなかった関東一高で甲子園に行けたんだから、環境のいい三高に同じ指導法を持っていったら勝てるというのはありましたね」

日大三に移ると決め、自宅に飾ってあった甲子園の準優勝メダルなど関東一時代の記念品をすべて片づけた。

「女房がやってくれましたね。『なんで片づけるの?』と言ったら、『お父さん、いつまでも関東一高で準優勝したっていうのはいらないじゃない。これからは、ゼロからなんだから』って。(目に見える場所に)あると、『オレはこうだったんだ』ってなる。そういうのは言いたくないじゃないですか」

過去の栄光を捨て、裸一貫からのスタート。この決断は吉と出た。99年に5年ぶりとなるセンバツ出場を果たすと、その夏も14年ぶりに甲子園出場。２００1年には日大三にとって夏は初めてとなる日本一に輝いた。その後も10年センバツで準優勝、11年夏に優勝を果たすなど、全国的な強豪校としての地位を復活させた。

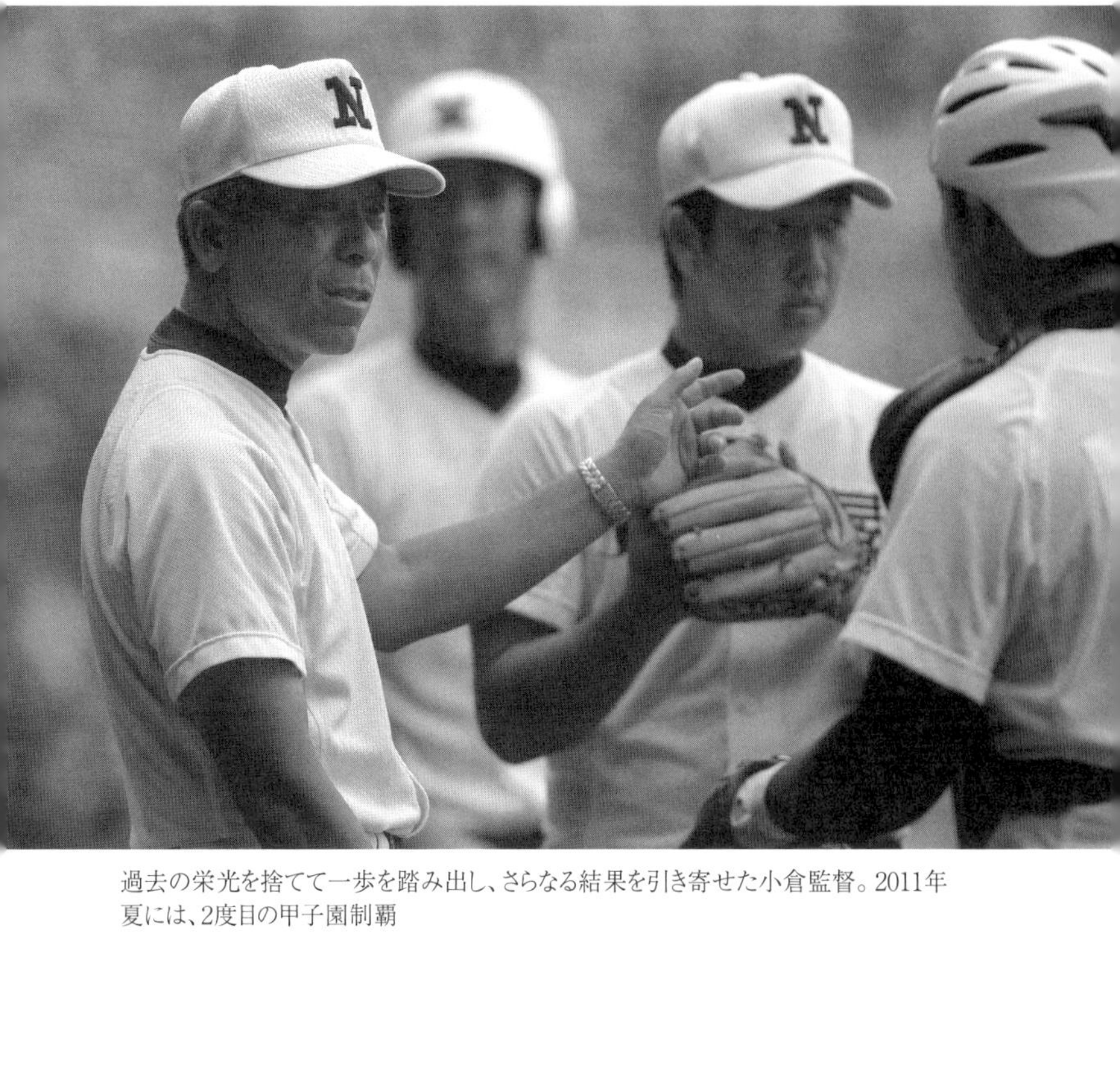

過去の栄光を捨てて一歩を踏み出し、さらなる結果を引き寄せた小倉監督。2011年夏には、2度目の甲子園制覇

「米て、結果が出たから『やってよかった』って思うわけだけど、これって逆もあるわけじゃないですか。移ったがばかりにドツボにハマっちゃう人だっているんだから。でも、言えるのは、先はわからないけど、一歩踏み出さなかったら、絶対、結果なんてものは望めないんだということ。一歩踏み出したから今がある」

あのまま関東一にいれば、ある程度の安泰は約束されていたかもしれない。退路を断って勝負をかけたからこそ、想像以上の未来が拓けた。

「今でも、『勝てなかったら、オレはクビなんだ』という気持ちは持っています。教員ではあるけども、『オレは監督業なんだ』というのは自分の中でありますね」

怖がらずに、一歩踏み出す勇気を持つ。現状に安心せず、常に危機感を持って取り組む。男が結果を出すには、それぐらい強い気持ちが必要なのだ。

小倉全由のセオリー 56

どんなことにも常に一生懸命、手を抜かずにやる

「電車の中で、おじいちゃん、おばあちゃんにカッコよく席を譲れよ。駅でおじいちゃん、おばあちゃんが大きな荷物を持ってたら、『おじいちゃん、荷物持ちます』と声をかけてから持ってあげろよ。声をかけないで持つなよ。『ドロボー』なんて言われたら、一発で出場停止だからな」

2週間に一度、選手たちが合宿所から帰宅する際、小倉監督はいつもこんなことを言う。どこで誰に見られているかわからない。だからこそ、いつ誰に見られてもいいように行動しろと言うのだ。

「それが、自分の人生の中で感じたことなんですよね」

日大三での現役時代は背番号13のサードコーチャーだった。サードで打球に飛び込んだ際に左肩を脱臼。肩の痛みが慢性化した。いまだにノックを打っていて肩が外れることもあるぐらい症状は重く、大学で野球をやることを断念した。そんなとき、母校から学生コーチの声がかかった。

「副キャプテンをやってたし、グラウンドに出たら力を抜くことができなかった。一生懸命やってたからこそ、『お前、空いてるんだから手伝ってくれ』と言われたんですね。そのときは、大学で遊ぼうと思ってたから嫌でしょうがなかった。なんで合宿に泊まってまでやらなきゃいけないんだって。でも、あのひと声がなかったら、今頃何やってるかわかんないですよ」

大学在学中の4年間コーチを務め、4年生だった1979年夏に17年ぶりに甲子園出場。初めて甲子園の土を踏み、ノックを打った。「指導者として甲子園を目標にしてやったらいいのかなと、初めて目標が見つかったような思いだった」。12月には日大三の野球部長から「このまま残ってコーチをやれ」と言われ、指導者として生きていくことを決意。未来が開けたような気がしていた。

ところが、大学卒業目前の3月になって事態が急転する。OB会によって小枝守監督のクビが決定。小枝色を一掃するため、コーチも代えることになり、小倉監督のコーチ就任の話も一瞬にして消えてしまったのだ。

「すごい人間関係だなと思いましたね。『日大三高のOB会ってオレのことをなんだと思ってるのか。オレの人生どうしてくれんだよ。ふざけんな』って、1回目の人間不信ですよ。自分もヤケになりましたね」

就職が白紙になり途方に暮れていたとき、声がかかる。日大三の野球部の食堂に肉を卸していた肉屋の社長からの誘いだった。

「コーチ、オレといっしょにミミズの養殖やらないか」

就職のあてもなく、ふたつ返事で引き受けた小倉監督だったが、その決断を止める人がいた。お世話になっていた歯医者の先生だった。

「コーチ、ミミズの養殖なんかやって何になるんだ？　そんなことやったらダメだ。バカな考えはやめとけ」

歯医者の夫婦そろっての説得に小倉監督は考えを改めた。実家に帰り、家業の農業を手伝いながら、教員採用試験の勉強をすることに決めた。

「そのときは、肉屋の社長に声をかけられたことのうれしさ、止めてくれた先生がいたことのうれしさがありましたね。ミミズの養殖をやって成功した人がいると聞いたことがない。あのとき止めてくれなかったら、仕事にもなんなくて、今ごろ何になってたんですかね。日本一の詐欺師になったかもわかんない（笑）。人間、右か左かどっちに行くかってときに、いい助言をしてくれる人間に出会えたことが人生の財産です。あのとき声をかけてくれたってことは、自分のことを見ていてくれてたからだなと」

実家に帰り、半年がたった頃だ。今度は関東一の野球部コーチの話が来た。

「『三高であれだけ頑張ってコーチをやってたんだから、あいつをなんとかしてやんなきゃいけない。関東一高で指導者を探してるからあいつを推薦してやろう』って自分を救ってくれたのが、三高のO

Bだったんです。やっぱり、見てくれてる人はいるんですね」

80年の12月にコーチになり、81年の4月に監督に就任。ここから小倉監督の本格的な指導者人生が始まった。

「あの頃はまだまだ指導なんてわかんなかった。でも、声をかけてくれた。それで今の自分があるんですよね。だから今、選手たちに言ってるのは、『誰が見てるかわかんないんだよ。一生懸命やってる人間は、絶対に誰かが見ててくれて力になってくれる』ってこと。でも、『見てくれてるから一生懸命にやるじゃダメだよな』って」

見返りを期待してやるのではない。与えられた目の前のことに、手を抜かず、全力で取り組むこと。それを積み重ねることが思わぬ幸運をもたらすことにつながる。いつ、どこで、誰に見られても恥ずかしくないような行動を取る。小倉監督の日々の心がけが、どん底に落ちかけた人生を切り開いた。

小倉全由のセオリー 57

野球ができなくてもくさらず、やるべきことをやる

小倉監督には、空白の4年間がある。

1989年から92年にかけて、野球指導の現場から離れていた期間があるのだ。関東一を率いて85年夏に甲子園初出場でベスト8に進出すると、86年、87年のセンバツにも連続出場して87年は準優勝。飛ぶ鳥を落とすほどの勢いだったが、一転、夏の大会は東東京大会で修徳にコールド負け。その後も成績はふるわず、野球部OBが指導に口出しをしてくる、校長は勝手にコーチを連れてくるなど、監督を続けられる雰囲気ではなくなり、89年の3月に辞表を提出した。

「辞表は出しましたけど、クビですよね。3年続けて甲子園に出ていたときは、新小岩の駅前からアーケードをくぐって学校に行くとき、商店街の旦那さん、おかみさんが『おぐらかんとく~』って声かけてくれるんです。それが、監督をクビになったら、応援してくれていたあの人たちからも白い

眼で見られているように感じて」

衝撃だったのが、若い先生たちと近所のスナックに飲みに行ったときだった。スナックのママが、目の前にいるのが小倉監督とは知らずに、本人に向かってこんなことを言ったのだ。

「小倉監督って、お金使い込んでクビになったそうね」

今でもあのひとことは忘れられない。

「針のむしろとはこういうもんなのかと思いましたね。悪いことはしてないのに、そういう眼で見られる。あのときは、生きた心地がしなかった」

もちろん、まったくの事実無根だが、それ以来、人目を避けるようになった。学校にも駅前のアーケードを通って行けなくなった。「二度と野球にはかかわらない」と決め、意識的に野球とは距離を置いた。帰宅後は毎日ゴルフの打ちっぱなしに行き、夏休みも高校野球は見ない。娘といっしょに毎日のように九十九里の海へ行った。短髪、スポーツ刈りを通す小倉監督が、唯一、髪を伸ばし、パーマをかけたのもこの頃のこと。あえてそうした理由は、野球に未練があると思われたくなかったからだ。

それでも、教員の仕事は手を抜かなかった。野球から離れて2年目に1年生の担任をやり、3、4年目は学年主任を一生懸命やった。マジメで半端なことができない性格もあるが、監督をクビになったとき、日大三の大先輩である根本陸夫（元福岡ダイエー監督、当時西武球団管理部長）から言われた言葉が頭に残っていた。

「いい勉強をしてるじゃないか。監督の名前のない小倉を見てもらう一番いいときだぞ。先生として見てもらえるようになれば財産になるし、野球がなくなった小倉という人間が評価されれば、また新しい道が拓ける。もう一回監督の声がかかるはずだ」

そのときは「他人事だと思って……。西武グループに呼んでくれればいいのに」と素直に聞けなかった小倉監督だが、野球を離れて気づかされることは多々あった。

「担任を持つことによって、クラス運営の難しさを知りましたね。野球部は甲子園という大きな目標がありますけど、クラスの40人の生徒の目標は就職、大学進学と、それぞれ違うじゃないですか。その他にも、学校に来たくない生徒もいれば、まだ目標のない生徒もいたりします。学年主任としては、目上の先生にも動いてもらわないといけないんですよ。まず自分が動くことが大切ですけど、動きすぎると全体が動かなくなるんです」

小倉監督が野球部を離れた翌年の90年夏に、関東一は甲子園出場を果たした。このときの経験も大きかった。

「甲子園の応援の役割を決める会議で、もめてるんですよね。『なんでこんなことをしなきゃいけないんだ。夏休みを取られなきゃいけないんだ』と言う先生がいる。センバツで準優勝したとき、野球部の関係者だけじゃなくて、学校をあげて喜んでくれてるものと自分は思ってたんですが、そうじゃなかった。人間っていろんな見方がある。おもしろくないと思う人もいるとわかったんですよ。周囲への気遣いが大切だと思いました」

懸命に教員生活を続け、監督を離れて4年。根本の言葉を実感する出来事が起きる。なんと、一度はクビになった野球部から再び監督に就任してほしいとの要請を受けたのだ。当時の監督は選手とは別に食事をしていたため、選手たちの食生活は荒れていた。好きなものは食べるが、嫌いなものは食べない。出されたものを食べ切る習慣はなく、残し放題だった。野球部員にとって楽しみであるはずの食事でさえそんな状態だから、その他の生活は言わずもがな。小倉監督がいっしょに生活していた頃とは大きく変わってしまっていた。92年の12月、約4年ぶりに戻った小倉監督は、合宿所を見て驚いた。

「合宿所に入ったら、廊下の壁に大きな穴があいてるんです。監督に怒られて、選手がふてくされてやったんですね。自分としては、昭和60年（1985年）に（東東京大会で）優勝したときに建ててもらった本当に気持ちのこもった合宿所。壁は抜けてる、廊下や風呂のそうじはしていない。たばこの吸い殻は散らばっている。涙が出ましたね」

小倉監督自ら手本を見せ、選手全員と廊下、部屋、風呂、トイレをそうじ。寮をきれいにするところから始めた。監督交代に納得していなかった選手の親からは冷たい視線を浴び、心ない言葉もかけられた。「1週間できれいにしたら1日休みをやる」と言って選手をやる気にさせたが、休みたかったのは、つらくて体重が5キロも減った小倉監督自身だった。復帰早々、心身ともにボロボロになりながら、なんとかきれいな状態を取り戻した。

「自分の思い描いていたチームとのギャップは大きかったですけど、それでも教えていけばわかってくれるんだと思えた。その経験は大きな力になりましたね」

この苦しいときに救ってくれたのが以前監督をしていたときの選手たちだった。以前の監督時とは違ってコーチがおらず、小倉監督1人での指導体制だったが、教え子たちがコーチ役を買って出てくれたのだ。

「昭和60年に優勝したときの選手たちが、月曜日は誰、火曜日は誰……と日直のようにメンバーを決めて、練習を手伝ってくれたんです。みんないっしょになって『監督さん、自分がノックやります』って」

来てくれたのは主力だった選手ばかりではない。高校時代、ベンチに入れなかった選手も同様だった。魚屋を営む戸田和也もその1人。暇を見つけてはグラウンドを訪れた。

「中には、会社から来てスーツにネクタイのまま上着だけを脱いでノックしてくれたヤツもいました。みんな、帰って来るのを待っていてくれた。オレにあれだけ厳しくされた卒業生が、『監督のために』ってみんな帰って来てくれる。あのときに人間の和というか、循環をすごく感じました」

2年後の94年夏に復帰後初の甲子園出場。すると、今度は95年に初戦敗退するなど2年続けて夏の西東京大会ベスト8入りを逃して低迷する母校・日大三から監督のオファーが届いた。

「4年クビになって戻って、また甲子園に出たのを評価してくれたんだろうな。頑張れば誰かが見てくれてるんだなって。人生は絶対、山あり谷あり。だから、谷に落ちたら、あとは登るしかないんですよ。上を目指して頑張る。頑張れば誰かが手助けしてくれる」

嫌なこと、うまくいかないことは必ずある。そのときに「もういいや」と投げ出してしまうか、「やれることをやろう」と取り組めるか。どん底のときこそ、自分を試されているときなのだ。

「あのクビになった4年間が、自分には一番の財産ですね」

空白の4年間の経験が、小倉監督を支えている。

小倉全由のセオリー 58

日本一明るい運転手になる

「あれは恥ずかしかったですね。赤面しました」

小倉監督がそう言うのは、ある夜のこと。練習を終えて、車で九十九里の自宅へ帰る途中だった。高速道路の料金所で1000円札を渡したが、おつりがなかなか返ってこない。楽しみにしている週に一度の帰宅日ということもあり、家路を急いでいた小倉監督は、イライラして、つい怒鳴ってしまった。

「早くしてくださいよ！　急いでんですから」

すると、料金所のおじさんからこんな声が返ってきた。

「日大三高の小倉監督じゃないですか。頑張ってください」

しまった、と思ったときにはもう遅い。苦笑いで返すしかなかった。

「『誰が見てるかわかんないからな。おじいちゃん、おばあちゃんにカッコよく席を譲れよ』なんて選手に言ってた自分が失敗したんです。それから自分は、日本一明るい運転手になりました。料金所に行ったら常に『こんにちは』『こんばんは』『お疲れさまです』と言うようにしました」

ほとんどの人から「変わったヤツだな」という目で見られたが、それでも続けていると、ある日、おつりとともにこんな言葉が返ってきた。

「気をつけてお帰りください」

「料金所のおじさんも、夜の10時を過ぎて、こんな元気のあるヤツがいるのかなって思ったのかもわかんないですね。最高の言葉をいただきました。合宿所から家まで120キロ。2時間半かかるんですが、そこからの2時間の運転は心地よかった。疲れているのにすがすがしくて、これがあいさつの効果かと思いましたね」

後日、知人にこの話をしたところ、あいさつという言葉の意味を教えられた。

「『挨拶』という2文字には、押し合うという意味があるんだよ。監督の心が、料金所のおじさんの心を刺激して、いい心を返してもらったんだよ。監督、いいことしたね」

そう言われた小倉監督は、さっそく選手たちに失敗談を話した。あいさつの意味については、知人から聞いた話とは言わず、あたかも自分が知っていたかのような顔をしながらだったが……。

「『挨拶』って字は、心の押し合いって意味なんだよ。みんながいい心で相手に伝えることができたら、相手からもっといい心が返ってくるんだよ」

　実は、関東一で監督になりたての頃、選手たちにあいさつを勧めていたのはまったく別の理由だった。

「数学が25点の選手に、『数学の先生の前に行っていいあいさつしろ。5点ぐらいプラスしてくれっかもわかんねえぞ』って。他力本願のあいさつを教えたんですよね。こんなあいさつを教えてたら、子どもたちはいいあいさつしないんです。監督のいる前だけ、先生の見てるところだけ。心からのあいさつなんてできるはずないんですよね」

　見返りを求めての言葉に心はない。損得関係なく、いいあいさつをすれば、必ず相手に伝わるものがある。相手から、もっといい心が返ってくる。それが本当のあいさつ。今はＥＴＣになり料金所でのあいさつはなくなったが、小倉監督は、日本一明るい運転手の心を忘れず、いつ、どこで誰に見られても恥ずかしくないあいさつを続けている。

小倉全由のセオリー 59

父兄を〝小倉信者〟にする

選手とともに寮で生活する小倉監督。約60人もの選手と暮らしていれば、手のかかることも多い。そのひとつが、選手が体調を崩すことだ。だが、小倉監督は選手が体調を崩したときこそ、自分の出番だと看病をする。

「今の選手は熱に弱い。39度、40度になるんです。そういうときは、夜中であっても医者に連れていきます。合宿に帰ってきたら寝かせて、自分は2時ぐらいに目覚ましをかけて、氷枕を換えに起きます。選手はびっくりしますね」

氷枕を換えてあげるだけではない。自分のパジャマを貸し、汗をかいた服を着替えさせる。スポーツドリンクも用意する。自分が寝る時間を削ってでも、選手の面倒をみてあげるのだ。

ただ、これで終わらないのが小倉監督。選手には、家に帰ったら「熱を出して寝込んだけど、監督に氷枕を換えてもらった」と親に報告するように言う。

「人にいいことをしてもらったり、人から小遣いをもらったりしたら、父ちゃん、母ちゃんに知らせるのは当たり前ですよね。昔は『隣のおじさんから小遣いをもらったら報告しなきゃダメだぞ。あいさつできないだろ』って、みんな言われたと思うんです。今はほとんど言われてないですね。だから、あえてそう言うんです。それを聞いたら、父ちゃん、母ちゃんは100パーセント〝小倉信者〟です。そんなふうにして選手と監督、監督と父兄との人間関係をつくる。これが信頼関係になるんです。そうすると、『小倉に預けてよかった』となるし、『小倉を胴上げしよう』という子どもたちができてくるんです」

今の時代、子どもが熱を出しても冷却シートを貼ってすませてしまう親も多い。だが、小倉監督は手間のかかる氷枕で看病する。親以上のことを監督がやってくれる。それを聞いて、監督に惚れない親はいないだろう。「あの監督は、ここまでやってくれる」。感謝の気持ちが、監督を応援する気持ちに変わるのだ。

あるとき、こんなことがあった。熱を出した選手にパジャマを貸したものの、いつまでたっても返ってこない。あえて触れずにそのままにしていたが、しばらくして返ってきたパジャマを見て驚いた。

「クリーニングされて返ってきたんです。家に帰って親に話したら、おばあちゃんがクリーニングに出したって。そのパジャマ見たらうれしいじゃないですか。逆にこっちが着られなくてね。引き出しに入れっ放しですよ（笑）。そのおばあちゃんはいつも応援に来て、『孫がお世話になって』と声をかけてくれる。そうすると、こっちも選手に『お前んとこはいいおばあちゃんだな』ってなるんです」

好循環が生まれ、自然と笑顔が生まれる。それが、〝小倉信者〟を増やしていく。

この関係が積み重なって生まれたのが、卒業生の親で形成される〝小倉会〟だ。部員たちは日大三を卒業した後、ほぼ全員が大学で野球を続けるが、それ以後も社会人やプロで野球を続けられるのはひと握りだけ。ほとんどが大学で野球を終えることになる。野球をやっていた息子の追っかけが終了し、時間のできた卒業生の親たちが、再び日大三を応援しよう、小倉監督を応援しようと戻ってくる。OBの親が小倉監督を応援しようと結成されたのが〝小倉会〟なのだ。

「年に一回、『頑張ってください』という会をやってくれます。『監督とは普段会ってるから、奥さん連れてきてよ』なんて女房も呼んでくれて。自分より年上の人もいて、100人以上来ます。他の学校にはない雰囲気はできてますね」

卒業生の親がそれだけ慕っている監督なら間違いない。そう思えるから、現役の選手たちの親も安心して任せられる。このサイクルが父兄との良好な関係を生み出している。

小倉全由のセオリー 60

親から監督に電話はＯＫ

選手の親が監督に直接電話をする。

そう聞くと、たいていはよくないことを思い浮かべる人が多いだろう。息子がかわいいばかりに、指導法や選手の起用法、采配にまで口を出す人が増えているからだ。そのため、電話はおろか、親が監督と接するのを認めていない学校も数多くある。強豪校には珍しく、親から監督への電話をＯＫにしている小倉監督も、もちろんこの類のものは受け付けていない。

「『ベンチに入れてくれとか、レギュラーのユニフォームを着せてくれとか、大学に入れてくれは勘弁してください。お互いいい関係でいましょう』といつも言います。あとは、『監督にお中元、お歳暮はやめてください。競争になるから』と」

小倉監督が受ける電話の内容は、選手の様子や状態に関するものだ。基本的に全員が寮生活を送る日大三。普段の生活が見えないため、親が心配するのはわかる。それもあって、定期的に帰宅日をつくるようにもしている。特に新入生の場合は、入学後1週間で帰宅させるだけでなく、4月中は週に一度のペースで家に帰す。寮生活を親に報告させるためだ。

「合宿生活をやってると精神的にも疲れるのがひとつ。もうひとつは、ウチの雰囲気を親に知ってもらって、理解してもらいたいんですよね。自分がいくら『ウチはいじめはない。上級生は面倒見がいいですよ』と言っても、親としては『監督はそう言っても陰で少しはあるんじゃないか』って心配するわけじゃないですか。それを1週間に一回帰して、子どもから『部屋の先輩、ホントにやさしいんだよ』って聞けば、親も『監督の言ってたことは本当なんだ』って思う。そうすると、自然と父兄がまとまってくるし、力強い協力者になってくれるんです」

また、遠方から入学した選手に関しては、父親が出張で東京に出てきたときなどは、申請すれば親子での外食も認めている。

「家に帰ってきて、『ウチの子が何か元気ないんですよ』とか、母ちゃんの目で見て、今までと違ったら遠慮なく言ってくださいと。何も知らないで、悩んでる子どもを必要以上に叱ればへこんじゃいますから。そうやって、監督は聞く耳を持っていると思ってもらえれば、信頼関係も築けるんじゃないかと思います」

ある年の5月の連休中、金沢から入学した選手が母親に電話をしたことがあった。病気を患っている母を心配しての電話だったが、そのときの息子の声を聞いて、母親は「元気がない」と感じた。それを聞いた父親から小倉監督に電話が入る。小倉監督がその選手を呼んで訊くと、「食事当番に遅れたという理由で上級生ともめている」ということがわかった。その選手は、監督に直接悩みを聞いてもらえたこと、監督からの励ましもあって元気を取り戻すことができた。

「あれを聞いてなかったら、『やめたい』なんてことになってたかもわかんない。あとで、『あいつ、こんな悩みあったみたいですよ』って母ちゃんに電話してやると喜んでくれるんです。『お母さんのおかげでわかった。いい連絡でしたよ』って」

どのような電話はよくて、どのような電話はダメなのか。実際にあった例を紹介しながら、OKラインを明確にする。すべては、子どものため。親にしかわからない変化を見逃さないため。いかに親を味方につけるか、理解してもらうか。親ともめると、必ず足を引っ張られる。いい雰囲気をつくるためには、親との良好な関係づくりが欠かせないのだ。

小倉全由のセオリー61

自分自身の体調を整える

監督には、さえる日とさえない日がある。パッとひらめいて効果的な指示が出せる日と、まったくそれができない日があるのだ。

さえていた日として小倉監督が覚えているのが、1985年夏の甲子園3回戦の日立一戦の2回裏。1点を先制し、なおも一死二塁の場面で相手投手がボークを犯すと、直後の1球目で塩田正広にスクイズのサイン。2点目を挙げた。

「ボークのあとの第1球。ピッチャーはストライクを取りたいでしょうから」

当時の小倉監督はこんなコメントを残しているが、東東京大会から通じて初のスクイズ成功。なぜ、甲子園でひらめいたのか。それには、こんな理由があった。

「このチームが新チームになったばかりの夏休みに、関西に練習試合に行ったんです。ところが、勝てない。あの頃の関西のチームは、ランナーが三塁に行くとスクイズで点を取ってきたんです。こっちは『打って返せばいいんだよ』とは言っても、1点差で負けちゃうんですよ。東洋大姫路の梅谷（馨、当時の監督）さんに『関東のチームはプレーが軽いよな』と言われたこともあって、スクイズで堅く点を取るというのがあったと思います」

三塁に走者がいる場面は絶対に逃してはいけない。取れる点は搾り取らなければ勝負には勝てない。そんな想いから生まれたスクイズだった。

もうひとつ、小倉監督自身がさえていたと感じるのは、2001年夏の甲子園準決勝の横浜戦。6対4で迎えた8回表の守りだった。一死一、二塁のピンチに横浜は盗塁をしかけてきたが、捕手の諸角洋大が好送球でアウトにした。

「横浜は（準々決勝の）日南学園との試合で、ここってときに三盗してきたんですよ（3回表一死一、二塁からダブルスチール成功）。それをビデオで見ていて、諸角に『ここ一番、三盗くるからな。いつでも準備しとけよ』と。ビシッと刺してくれた。相手に行きかけてた流れを止めてくれました」

日南学園戦と共通しているのは、無死一、二塁で送りバントに失敗したあとだということ。諸角は完全に予測できていた。

ひらめいたことで覚えている試合には、1998年秋の準決勝・国士舘戦もある。同点にされてないお一死三塁というピンチだった。

「カウント3―1になって、絶対にスクイズがくると思ってウエストのサインを出した。そしたら、やってこなかったんです」

3ボールからウエストしたため四球で一、三塁。さらに代走の一塁走者が盗塁を決めて一死二、三塁と、ピンチが広がった。だが、次打者はセカンドライナーで二塁走者が飛び出し、ダブルプレー。ピンチを脱した日大三は、8対7でサヨナラ勝ちした。

「自分なりに感じたのは、3―1でもウエストにいったのが大きかったなと。（フォアボール覚悟の）攻撃的なウエストだったから、あとにつながったのかなと」

次の球で相手がしかけてくる。そう思った瞬間に躊躇なく指示が出せるかどうか。試合展開の早い高校野球では一瞬の迷いが命取りになる。ひらめいたら、即行動しなければ間に合わない。

「長く監督をやっていても、それがパッとやれるときといろんなことを考えてできないときがある。よくバイオリズムなんて言うけど、ダメな日はあるんです。初回に思うようにいかないとそのままズルズルひきずっていって、最後に『よし、チャンス来た』と思ってかけてみてもそれが裏目に出たりね」

監督人生でもっともさえなかった日として記憶に残るのが、2006年夏の西東京大会決勝・早稲田実戦だ。のちに〝ハンカチ王子〟として大スターになる斎藤佑樹を相手に、延長10回表に4対3と勝ち越しながらひっくり返された。

「あのゲームは球史に残るといわれるけど、自分としたら最悪のゲーム」

小倉監督にとって、悔やまれる場面はいくつもある。まずは攻撃。10回表に1点勝ち越してなお一死二、三塁という場面。打者は2年生の荒木郁也だった。

「スクイズでいきたかったけど、斎藤は三塁けん制がうまいとかいろんなことを考えちゃってね。けん制がうまくたってランナーが飛び出なきゃいいし、投げてからホームに行けばいいんだから。だけど、信用なんなくなっちゃう。それで（サインを）出し切れないんですよ」

1点リードして迎えたその裏の守備にも後悔がある。バッテリーに指示を出していないのだ。先頭打者を打ち取り、2人目の打者・代打の神田雄二も2ストライクと追い込んだ。だが、カウント1─2から決めにいったスライダーが甘く入り、左中間へ運ばれた。結果的に、二塁に出た神田が同点のホームを踏むことになる。

「いつもなら『この1球は注意しろ。ストライクからボールだぞ』と言ってたのを言わなかった。早く終わりたいと思っちゃった。『こいつら、わかってるよな』って。指示が足りてないんです」

その直後、同点に追いつかれた場面のことも悔やまれる。一死二塁でレフトへ同点の安打を打った川西啓介が暴走（レフトがダイビングして後逸）。完全にアウトのタイミングだったにもかかわらず三塁へ走ると、すでにボールを持っていたサードの小林要介に体当たりしてきたのだ。三塁塁審が川西を呼び止めて注意し、満員の球場も騒然とするラフプレー。抗議してもおかしくないプレーだが、小倉監督は静観した。

「あのとき自分がベンチを出て、和泉（実）監督に対して『お前、なんてことやってんだ。決勝でこんなレベルの低いことやっていいのか。これが早実の野球なのか』と演技でもいいからやればよかった。審判に『こんなことやらせていいんですか』と言ってもよかった。それで、選手に『お前ら、こんなヤローどもになめられてんじゃねえ』って。それを何もせず、いい子でおさまっちゃった。決勝を早実対三高できれいにというか……。計算高くできなかったのをすごく感じるんです」

実は小倉監督は、これとは反対に決勝で審判に抗議したことがある。１９９９年夏の国学院久我山戦。相手は秋のドラフトで広島から1位指名される大型左腕・河内貴哉を擁していた。

「河内がヒットを打って出塁したとき、向こうの監督が臨時代走と言ってきたんですよ。そしたら、球審が認めたんです。それで自分は『ねんざしたわけでもないのに臨時代走はないでしょ』と、何回も食ってかかったんです。そのときは、選手に『負けんじゃねえぞ』と言って、逆転して勝ったんです。早実のときも、それやったっていいわけじゃないですか」

高校野球の場合、監督がベンチから出ることも、抗議することも認められていない。だが、監督がそういう態度や姿勢を見せることで、選手たちの心に火がつくことがある。選手を鼓舞するためのパフォーマンスとしてやる意味はあるのだ。

99年はパッとひらめいたのに、06年はなぜひらめかなかったのか。1球1球指示を出していたのに、「わかっているだろう」と怠ってしまったのか。

「あの早実戦ほど、『早く終わってもらいたい』って感じたことはないんです。ああいうもつれるゲームだったからかもしれないけど、最後は根気がなくなったということ。それで思ったのが、決勝はお昼からじゃないですか。昼飯を食べなかったんですよ。ひらめかないのは糖分が不足してるんじゃないかと。糖分がどうのというより、自分が完璧に体調を整えてなきゃいけないんだってすごく感じる。それからは最低限、ゲーム中にもゼリーを摂ったり、バナナを食べたりするように気をつけています」

早稲田実戦は3時間47分の長い試合。百戦錬磨の小倉監督でも、集中力を保つのは難しい。長時間集中し続けるには、栄養に加え、体力も必要だ。

「あのとき、糖分を入れてたらひらめいたかどうかはわかんないけど、若いときの自分と50歳になっての自分は違うんだろうなって思いました。やっぱり、年になったら準備しなきゃいけない。体力がなくなったらダメだなって。だから自分は今でもトレーニングをやるんです。指導者は体力なくなったら、太ったらダメだと思う。太ったら、根気がなくなるじゃないですか。指導者は汗かかなきゃダメだと思います」

小倉監督は、時間があれば寮にあるトレーニング器具でベンチプレスもスクワットもやる。競輪用の自転車にも乗る。選手といっしょになって走る。

体力をつけ、栄養を摂り、万全の体調で試合に臨む。一瞬のひらめきを生むため、大事な試合日を〝さえる日〟にするために、毎日の準備が欠かせないのだ。

小倉全由のセオリー62

選手といっしょに走る

冬合宿恒例の朝の12分間走。

まだ日も出ていない真っ暗なグラウンドで白い息を吐きながら走る選手たちの中に、小倉監督の姿がある。監督に就任したときから、今に至るまで変わらない。

「いっしょになって身体を動かしているほうが楽なんです。運動不足解消になるし、汗をかいたほうが自分のためになる。たいした考えがあるわけじゃないですよ」

毎日の練習でのウォーミングアップやトスバッティングも選手に交じってやるのが小倉監督。日本一になっても、60歳を超えても変わらない。日本中を探しても、こんな監督はいない。

「自分が中に入っていきたいという気持ちが強いのかな。中に入ると選手に声をかけやすいでしょ。『どうだ？　もっと頑張れ』とかね」

実は、選手といっしょにやることで自然に生まれるコミュニケーションや気づきこそ、小倉監督がもっとも重視していることだ。

「正直言って自分も走るのは苦しいけど、いっしょに走ってると、その子が頑張っているか、頑張っていないかが見えるんですよね。1周目から上位に行ったとか全部わかるわけです。選手も声をかけられるときついんですよ。『お前、きのうより遅えじゃねえか。明日はオレよりこれだけ前に行かなきゃ許さねえぞ』とか、ノルマを与えるわけですから」

小倉監督は毎日同じペースで走っている。若い頃は「オレに勝ってみろ」だったのが、年齢が上がるとともに「オレを1周抜け」「2周抜け」と変わってきたが、自分よりも選手がどれだけ先行したかで日々の頑張りを見ているのだ。きのうは2周抜いた選手が次の日は2周抜けなかったら、手を抜いたとわかる。2周抜いた選手には、次の日は2周半抜くことを目指させる。

「7周だったけど、監督に声をかけられたら7周半できたとなったら、7周半が最低ラインになる。頑張ったら、イコール次の日はもっときつくなるわけでしょ。それで頑張って何周増えたとなって、初めてそこで自信になる。頑張ってよかったという思いになる。だから、いっしょにやって声かけることで頑張らなきゃいけないという気持ちにさせる。やらされてるんだけど、やらなきゃいけない。そのスタートをつくるんです。自信になる前の段階づくりみたいなもので、いっしょに走ります」

人間は弱い。苦しくなれば、「少しぐらいいいや」とどうしても妥協したくなる。12分間走も毎日続けば、「疲れてるし、今日ぐらいはいいだろう」という気持ちになる日もある。小倉監督は、そんな選手心理がわかるからこそ、いっしょに走る。走りながら、一人ひとりに声をかけることによって選手が手を抜けない状況をつくるのだ。選手としても、ただ見ている人に言われるのと、いっしょに走っている人に言われるのとでは、言葉の重みが違うだろう。毎日、そのやりとりをくり返し、最低ラインを上げていくことによって、気づいたら「こんなにできていた」という思いを味わわせる。

「昔も今も子どもらは変わってないですよ。自分らもグラウンドで一生懸命やんなかったですもん。監督の前でだったらやったかもしれないけど。自分は高校野球で完全燃焼してないです。だから、監督だけど、選手と同じ考えだな」

そしてもうひとつ、いっしょに走ることで得られるものがある。それは運動量。多くの監督は年齢とともに体重が増え、お腹も出てくるが、小倉監督は若い頃と体型が変わらない。

「ベンチに座ってる若い監督を見ると、『なんでいっしょにやらないのかな』と疑問に思いますね。太ったら絶対動くのが苦になるからダメですよね。自分なんか、毎日体重計に乗ります。夜のつきあいが多いと腹がきつい。ぜい肉がついたらすぐわかるし、自分が嫌ですもん。選手の前で動けなくなるからというより、自分が嫌だな」

選手が手を抜くことを防止し、自らの体型を維持することもできる。いっしょに走ることによって、いくつも得られるものがあるのだ。

小倉全由のセオリー 63

甲子園練習で守備につく

セカンドの守備位置に小倉監督がいる。

2002年センバツの甲子園練習でのこと。選手たちがバッティング練習をしている間、小倉監督が守備についていた。セカンドにゴロが飛んで、その打球をトンネルする場面もあったが、「年で身体がついていかない。でも、うれしい」と終始笑顔だった。

「あれはもう、自分が守りたかったから（笑）。甲子園は、自分が行きたいところなんですよ。現役で行けなかったからこそ、ここでやりたかったなって思う。この年になっても、監督で数回行くよりも現役で一回行く甲子園のほうがよかっただろうなと思いますよ。選手がうらやましいだけですよ」

何度甲子園に出ても、小倉監督が口にすることがある。選手たちにも言う。

「甲子園は現役で来るところだよな。お前らがうらやましいよ。鉄のスパイクで踏む甲子園の土の感触は最高だよな。イボイボのスパイク（監督用のゴムのスパイク）で来るところじゃない」

高校時代、背番号13の三塁コーチャーだった小倉監督。選手として活躍することはできず、甲子園の土を踏むこともできなかった。監督として何度来ても、あこがれの聖地であるという思いは消えない。監督は甲子園のインフィールドに入れないからだ。せいぜい、ノックで打席に入ることができるぐらい。フィールド内に立つ教え子たちを見るたび、彼らは自分ができなかったことをやっていると思う。自然と選手に対するリスペクトの気持ちも出てくる。

「選手を見ていて、『こいつ、たいしたもんだな』って見方ができる。オレもこれぐらいやれたら、甲子園でやりたかったなぁって。いつもそんな思いですよ。甲子園みたいなところで、あがらないでできるってすごいと思うもん。どこの監督も、『自分はそれ以上にできる』ぐらいに言うじゃないですか。自分はあんな観衆の前でできやしないですよ。それをやるんだからたいしたもんだと選手を評価してるっていうのかな。いつも選手のほうが上に見えますもん」

選手への感謝と尊敬の気持ちが、選手に対する日々の言葉や態度となって表れる。偉そうにしないから、選手たちもついてくる。甲子園練習で味わう至福の時間もまた、小倉監督と選手の関係づくりに欠かせないものになっている。

小倉全由のセオリー 64

いいと思ったらすぐ変える

変なこだわりはない。いい話を聞いたらすぐに取り入れる。

実績のある監督であればあるほど聞く耳を持たない人は多いが、小倉監督は真逆だ。

「高度な野球を知っている人が来て、自分がきのうまで言っていた教え方と違うことを言ったとき、『きのうまでやっていたことと違うと、今まで教えていた自分がマイナスに見られちゃう』って、その場で変えられない監督はいますよね。自分はそんなのないなぁ」

小倉監督は、グラウンドに来たOBから新しい練習方法を聞けば、今までとまったく違うやり方でもやってみる。

「『今、大学ではこうだってよ。こっちのほうがいいからやってみたらいいんじゃないか』と言ってそのままやります。中学野球の話であっても、いいと思えばやります。いいものはいいんだから、認めればいいと思う。聞く耳を持たないのは絶対ダメ」

２０１８年の12月に東京都選抜チームのコーチとしてキューバ遠征に行ったときは、キューバの選手たちが練習でグラブトスを多用しているのを見て、帰国後、すぐにトスバッティングの中に取り入れた。

いいと思えばやる。これは、野球のことだけに限らない。関東一で監督になったばかりの頃だった。合宿所を訪れた敏子夫人が、選手たちが会話もせずに食べている食事風景を目にしてこう言った。

「なんでこんな黙って食べてるの？　家に帰ったらみんな、お父さん、お母さんと話しながら食べてるのに。一家団らんの一番楽しい時間じゃない。選手にとって合宿所は家と同じ。その楽しい時間を奪っているのはあんたじゃないの。練習、練習、練習で緊張しっ放しなんだから、ごはんのときぐらいのんびり食べさせてあげないとかわいそうよ」

小倉監督が高校生のとき、日大三の合宿所では畳の上で正座をして食事するのが決まりだった。修行僧のように背筋を伸ばして、音を出さないで食べる。それが作法で精神鍛錬にもなると教わっていたから、関東一の選手たちにも同じようにさせていたのだ。

そのときは、「三高はこうやってるんだ。野球のことは何もわかんないのに何言ってんだ」と言った小倉監督だったが、翌日からはテレビをつけ、会話をしながら食べるのをＯＫにした。

「高校生としての作法とは何かと考えたとき、出されたものをいっぱい食べることかなと思ったんです。少々汚く食べたって、残さないでいっぱい食べる。そんな雰囲気がいいのかなって。変えてみたらチームが明るくなったんですね。やっぱり、食事というのは、楽しく明るく食べなきゃダメだなと思いました。女房のあのひとことがなかったら、自分の野球は変わっていたかもわかんないですね」

初めからシャッターを下ろしていれば、入ってくる情報も入ってこなくなる。常にオープンにし、聞く耳を持つから、自分にとって必要な情報が入ってくる。

「リーダーは、いいものを取り入れる素直さを持っていなきゃダメ。そういう意味では、自分がエリートじゃなかったというのがプラスになっているのかな」

日本一2回の監督になっても変なプライドがない。すぐに変えられる。それが、小倉監督のすごさなのだ。

小倉全由のセオリー **65**

理論武装しない

監督という肩書きがつくと、「すごい」と言われたくなる人がいる。一般人にはすぐに理解できないような難しい話や初めて聞くような細かい話をして、上の立場に立とうとするのだ。小倉監督は対極。甲子園で優勝2回、準優勝2回の実績があるにもかかわらず、まるでそういうところがない。

「昔の人は、『オレたちの頃はサインが100種類あった』とか言う。100種類あったってやってないでしょ。若い指導者でも『何百通りの練習をしてきた』って言う人がいるけど、何百種類も何があるのって。攻撃の作戦なんて、盗塁、バント、エンドラン。たまにバントエンドラン、スクイズ、あとはディレードスチールとかあるけど、基本は3つでしょ。そんなに野球って難しくしなきゃいけないのかなって思うなぁ」

セオリー14（62ページ）で紹介したバッティングの教え方でもわかるように、小倉監督の教え方はシンプルだ。難しい言葉も使わない。子どもにもわかる簡単な伝え方をする。本来はむしろ、そちらのほうが難易度は高いはずだが、それに気づかず、難しい言葉、細かいことを言う人を評価する人が多い。

「みんな野球をすごく難しく言うじゃないですか。いつも言うんですよ。『自分はたいして勉強してないよ。でもやれてるんですよ』って。実業団などで教えている人はバックスイングを取ったときに『グリップを何センチ引いて』とか『ステップは何センチ』とか言うわけですよ。何センチと言ったら、足をどうやって出すか迷うでしょ。バックスイングを取ってステップしたら、だいたいそれぐらいになりますよって。それを何センチか訊いてくる人もいる。何センチって言われたら自分は野球できないなぁ。何センチって言うのを素晴らしいって言うんだったら、それは流れが悪くなる指導ですねって。自分はそうは教えません」

大事なのは、自分がどう見られたいかではなく、どうすれば選手にわかりやすく伝わるか。そのためには、わかりやすい例を用い、細かいことを気にしなくてもできるように説明する技術が必要だ。骨盤や筋肉の話をされるより、ブロック塀やゴロ野球の話をしたほうが具体的にイメージができる。自然とその動きができる。実は、小倉監督の説明の仕方のほうが数段レベルが高いといえる。

「自分には理論なんてない。〝小倉理論〟なんてないです。世間の人のほうが勉強してますよ」

理論がないのが小倉理論。選手をうまくするのに、難しい理論は必要ない。

小倉全由のセオリー 66

強制的に起こして練習させる

常に選手のことを考えているのが小倉監督。だから、寝るときも頭に浮かぶのは選手のことばかりだ。

「練習試合で四番が打てなかったりすると、その日寝るとき『あいつにはこういうところが足りなかったな。もっとこういう練習すればうまくなるかな』といつも思っちゃうんですよ。そう思っていると『あの練習をやらせよう。こうしてやろう』ってひらめく。そうすると、朝が楽しみになって目が覚めちゃうんです」

日大三の朝は自主練習。起床時間前に早く起きて合宿所に隣接する室内練習場で打ち込む選手が多い。小倉監督は毎日は出ないが、ひらめいたときは、起きてからその選手がいるかどうかを探す。

「龍馬（森、2013年のキャプテン）は絶対いましたね。あいつはよく練習したなぁ。でも、みんながみんなそうじゃない。いなかったら、カミナリを落とします。『てめぇ、きのうの結果でいつまでぬくぬく寝てんだ』って。ひらめいたら、すごくやりたくなるの。自分はそんなんです。選手はたまったもんじゃないだろうけどね（笑）」

その選手が見当たらなければ、起こしてでもやらせる。頭に浮かぶのは、常にどうすれば選手がよくなるかということばかり。これをやればよくなると思えば、午後の練習まで待っていられない。それが、小倉監督なのだ。

小倉全由のセオリー 67

名前や先入観で対戦相手を判断しない

小倉監督が行方不明になりかけたことがある。

それは、関東一を率いていた1986年の夏。東東京大会決勝で正則学園に敗れたあとだ。

「夏休みはどうしようかと……。1か月は世間に出られなかった」

前年夏の甲子園ベスト8。その年のセンバツにも出場し、3季連続出場を狙う関東一とノーシードで夏の最高成績はベスト16という無名の正則学園の決勝。小倉監督は余裕しゃくしゃくだった。

「正直言って、準決勝が終わった時点で『決勝でこんなに楽にやれる相手はない。100パーセント勝てる』と思ってました。二松学舎（大付）が上がってくると思ってましたからね。東京の場合は（準決勝と決勝の間に）1日空くんだからビデオを見られるのにまったく見ていない。正則学園にどんな選手がいるかなんて何もチェックしてないんです。準決勝の早実戦は9対8でやっと勝った（1対4

の7回裏に6点取って逆転。8回表に同点に追いつかれるも、その裏に2点取って勝ち越し。9回表の反撃を1点でしのぐ)。エースの本間(秀和)は大会前に熱を出して5キログらい体重が落ちていた。早実戦で思うようなピッチングができていないのに全然反省もしてないいんです。『正則なら大丈夫だよ』って」

監督の気の緩みは選手にも伝わる。試合前のロッカーでの様子が、前年とはまったく違っていた。

「前の年は帝京だった。『オレたちは打倒・帝京でやってきた。さぁ、帝京だ』と言ったたって、帝京は強いと思ってるからひきつってるわけですよ。でも、正則学園のときは何を言っても、みんなニコニコだった。自分は、『この雰囲気なら絶対負けないな』と思っていたんです」

ところが、試合は予想外の展開になる。3回表の守り。先頭打者をショートのエラーで出塁させると、続く打者の送りバントは一塁線ぎりぎりへ。一度ファウルグラウンドに出た打球がフェアグラウンドに戻ってくる不運もあって投手と捕手が見合い、あわてて送球した本間が一塁に悪送球して一、三塁。盗塁で二、三塁となった一死後、四番から5連打。さらに二死後、一番打者に二塁打を打たれて一気に7点を奪われた。さらに5回、7回にも追加点を許して10失点。打線も9安打を放ちながら無得点に終わり、0対10の完敗を喫してしまった。

「正則は打てないチームなのに、内野と外野の間にカンチャン(ポテンヒット)でみんな落ちちゃう。ピッチャーを代えても止まらない。10点を取られて、長打は1本だけ。あんなゲームもなかったですね」

負けたあとの閉会式ほどつらいことはない。しかも、相手は「優勝なんて夢。本当は4回戦の岩倉戦までいければいいと思っていた」（岡田悟主将）というチーム。試合後の小倉監督は「言うことは何もない」とショックを隠せなかった。

「表彰式で見たら、向こうは甲子園に行く気がなかったから坊主頭の髪が伸びてるんですよ。身体もひょろひょろ。両チームの身体の違いを見たら、なんでこんなヤツらに負けたのって。あれはもうおごりでしかない。ホント失敗。あの試合で、決勝は絶対に負けちゃダメと思いましたね」

それ以降、小倉監督はどんな相手でも必ず1試合はビデオを見るようになった。今は東京高野連でビデオ撮影が禁止されているため、三木有造部長や白窪秀史コーチが偵察に行くが、報告を鵜呑みにはしない。試合前の練習の動きを見て、自分なりの評価、判断をする。

「やっぱり、点差とかヒットを打たれてるとかで見ちゃうところがある。それと自分の見る目は違いますから。最終的には自分が判断しないとダメなんです。ピッチャーの外野でのキャッチボールの球がいいとか、ブルペンで投げてるのを見てカーブをまっすぐと同じように腕を振って投げられるとかで『これはなかなか点取れないぞ』ってあるじゃないですか。きびきびしたウォーミングアップをしていて『このチームはバカにできないよ』っていうのもある。そういうときは、先発を二番手でいっても早めに替えますよ」

高校野球は甘くない。名前や見た目、先入観で判断すると大変な目に遭う。手を抜いたり油断をしたりすれば、その分だけ自分に結果として返ってくる。もう、あんな想いはしたくない。29歳のときの苦い敗戦が、小倉監督の教訓になっている。

小倉全由のセオリー68

どんなときも同じように怒る

ダメなものはダメ。これが、小倉監督のポリシーだ。

2001年の宮城国体でのこと。開会式で入場行進する選手たちの姿が気に入らなかった。国体の高校野球は公開競技。真剣勝負の場ではないため、引退した3年生のご褒美の場として、半ば遊び感覚で参加するチームも多い。だが、そんなことは小倉監督に関係なかった。

「千葉（英貴）が192センチあってデカいでしょ。あいつが一番前を歩いてるから目立つんですよ。あのときは小学生が演奏していて、演奏ミスがあって行進がずれたんです。そしたら、ヤツら途中で『足が合わねぇ』って笑っちゃったりしてたの。それを自分は『このヤローども』ってふてくされて見てたんです」

開会式が終わり、先にバスに乗って待つ選手たち。小倉監督はしばらくバスの外で知人と談笑していたが、バスに乗るやいなや、「てめぇら、何やってんだ！　今日のあの入場行進はなんなんだ！」と怒鳴りつけた。

実は、選手たちは開会式中の小倉監督の表情を見て、怒られることを予測していた。国体では地元の先生がお世話係としてチームに同行するが、「国体まで来て怒らないだろう」と言うその先生に対し、選手たちは「いや、ウチの監督は絶対怒りますよ」と〝予言〟していた。

「選手が言った通り自分が怒ったんで、その先生はうれしかったと言ってました。『小倉監督は国体をそこまで真剣に思ってくれている。選手は何をしたら叱られるかがわかってる』って」

小倉監督にとって、いつ、誰がというのは関係ない。判断基準はいいか、悪いかだけ。そこに一切の妥協はない。

「『国体で怒るなんてさすがだ』って言ってくれましたけど、自分は、ダメなものはダメ、いいものはいい、なんです。グラウンドでも、どこに行っても、レギュラーだから叱らないとかもないし、誰でもダメならダメ。ダメならその場で解決。何日かしてから、『お前ら、あのときこうだったな』はない」

国体だから。引退しているから。優勝した選手たちだから。そんな言葉は小倉監督の辞書にはない。特別扱いはせず、ぶれずに怒る。この姿勢を徹底することが、選手たちからの信頼を得ることにつながっている。

小倉全由のセオリー 69

指導の原点を忘れない

一死二、三塁――。

一度目は小倉監督が関東一の監督に復帰して1年目の1993年夏、東東京大会決勝の修徳戦。3対1とリードして迎えた6回裏だった。

四球で満塁となったあと、詰まった打球は投手の頭を越え、ショートのグラブをかすめてセンター前へ。これで同点とされると、死球、センターオーバーの二塁打、ショートゴロ野選、スクイズで一気に6点を奪われた。8、9回に反撃するが、結果的に6回の失点が響き6対7の1点差で敗れた。

二度目は翌94年夏の東東京大会決勝・帝京戦。同じく3対1とリードして迎えた7回表だった。

センター前ヒットを打たれるが、二塁走者はスタートが遅れて三塁ストップ。中継プレーが乱れたのを見て打者走者が二塁を狙うが、この走者を一、二塁間で挟んでアウトにした。後続も断って失点は1点。8回裏に1点を追加して4対2で逃げ切った。

相手チームが違うとはいえ、同じ決勝戦で同じスコア、同じ場面。この差はなんなのか。

戦力は圧倒的に93年が上だった。レギュラーは卒業後、当時の東都リーグ一部に5人（中央大に2人、日大に2人、東洋大に1人）が進学。好選手がそろっていた。

「93年のヤツらは、力はあったんです。練習試合でプロ注目のピッチャーとやっても、平気で打っちゃう。『オレらは負けねーんだよ』って雰囲気だった。ただ、（小倉監督が復帰する前の）2年間、いい加減な生活に慣れた、いい加減なヤツらの集まりだった。勝つときは一方的に勝つけど、ひとたび劣勢になるとバタバタしちゃう。踏ん張れない。春の東海大菅生との試合は11対12のひどい試合だったけど、1アウト二、三塁で三塁ランナーがタッチアップしていないのに二塁ランナーが走ってアウトとか、凡ミスがあるんです」

一方、94年はキャプテンが日大に進んだだけで、強豪大学には進学していない。春の大会は3回戦で安田学園に2対3で敗れ、ノーシードからの出発だった。

「前の年と比べたら、ホントに力が落ちるんです。ただ、悪いことだけど、先輩にいじめられる経験をしたチームで粘りがあった。その子たちが1年のときの12月に自分が復帰して、1年だけを残してミーティングをやったんです。そのとき、手を挙げて『監督さん、いじめってなくなりますか』って言ったヤツがいた。『オレはいじめが嫌いだから絶対なくす』と。ヤツらが自分の代になって甲子園に行ったんですよ」

小倉監督とつきあった期間、つきあい方の差もある。93年のチームが2年生だった92年の12月に監督に復帰したが、小倉監督は周囲に歓迎されていなかった。周囲に「小倉はどうしようもないヤツだ」と吹聴する人間がおり、選手は監督を信頼しない。父兄も「何かあればすぐに学校に言いつけてやろう」と練習中も監督の言動をネット裏で監視していた。

「自分の足を引っ張ろうと思っている父兄ばかりでした。あんな目で人に見られたのは、あのときが初めて。人間は、信頼してないとか、『このヤロー』って疑ってると、こういう目になるんだって思いましたね」

そんな状況だから、思い通りにはできない。言動にも気を遣わざるをえなかった。

「怒りたくても怒れない。スタートから自分の雰囲気でできなかった。だんだんと自分らしくはできるようになったけど、最終的には〝このひとこと〟が出ない。何かが欠けていたし、心が通じなかったんです。（87年のセンバツで）準優勝したチームは部員が120人いたけどみんなを怒った。やっぱり、全員同じように怒れないといけないし、『この母ちゃんに訴えられる』と思ったらダメ。真剣に怒れないチームは強くならないですね」

反対に94年のチームは心でつながった。力はないが、1年生の頃から「監督さん、バットスイング見てください」と言って慕ってきた。野球以外の部分に神経を使い、野球に飢えていたチームだった。

「選手たちが我慢してた部分をいいほうにまとめられて、勢いが出ましたね。チームがひとつになっていた。高校野球は力じゃないんだな、心、気持ちからつくらなきゃダメなんだなって実感しました」

ちなみに、94年は4得点のうち二死満塁からどん詰まりのピッチャーゴロを相手投手が一塁に悪送球して2点、一死満塁からショートゴロが併殺崩れとなり1点。運を味方につけての泥臭い勝ち方に選手たちの心が表れているような気がする。

日大三で実績を残し、毎年のように能力の高い選手が集まるようになった。だが、小倉監督は決して復帰直後の2チームのことを忘れてはいない。24時間いっしょに生活し、本音をぶつけ合って、心と心でつながっていく。

「ただ技術を教えるだけなら、いい指導ができる人はたくさんいる。でも、高校野球は子どもたちが成長する中での野球。どれだけいっしょに汗をかけるか、生活指導ができるか。365日、どこまで指導できるか。それができてこその指導力だと思います」

選手を本気で怒れる関係、本気で向き合える関係でなければ本当のチームではない。それが、小倉監督の考え方なのだ。

小倉全由のセオリー

70

選手と同じ気持ちになって戦う

勝ったのに、反省していた。

２００８年春の東亜学園戦。無死満塁で無得点に終わった場面をふりかえってのことだ。最大の得点機だったが、三者凡退。３人目の打者は公式戦初打席だったが、声をかけなかった。

「あのとき、誰にも声をかけてないんですよ。打って当たり前とか、これぐらいのピッチャーなら打てなきゃしょうがねぇだろうって感じで。選手のレベルまで下りて、背中叩くとかってことをしてないんです」

関東一時代の小倉監督は、ベンチの外野寄りに立っていた。守備時はファーストやサード、攻撃時は一、三塁のコーチャーに近い位置。それには、こんな想いがあった。

「あのときは、グラウンドに一番近いところで、選手の中に入ってプレーするみたいな意識がありましたね。自分もいっしょにグラウンドに立っているという意識があった。若かったから、選手といっしょになってやってるんだという気持ちですね」

日大三に移り、ホームベース寄りに立つように変わったが、選手目線は忘れなかった。日大三の監督に就任して2年目の1998年秋。準決勝の国士舘戦だった。7対7で迎えた9回裏、一、二塁で門間大輔に打席が回ったときだ。小倉監督は「深呼吸していけ」と声をかけた。

「門間は全然打ててなかったんですよ（秋の公式戦の打率・231。レギュラーで唯一の3割未満）。自分が三高に来て初めての甲子園がかかってるじゃないですか。スタンドのOBはみんな『小倉、代打だ～』って言ってたらしい（笑）。でも、（代える選手が）いないわけですよ。それで門間に『深呼吸しろ』と」

これでリラックスできたのか、門間は右中間を破る打球を放ってサヨナラ勝ちを収めた。選手といっしょになって戦う。選手の気持ちになって声をかける。それが、小倉監督のスタイル。08年の頃は、それを忘れてしまっていた。

「（06年の東東京大会決勝で早稲田実の）斎藤佑樹に負けてから、甲子園に出られてなかった頃。勝たなきゃ、勝たなきゃって余裕がなかったんだろうなぁ」

選手と心でつながるのが小倉監督の野球だ。01年から05年まで春夏いずれかの甲子園に出ていたが、06、07年と2年連続で逃したことで余裕がなくなっていた。08年夏も西東京大会準決勝で敗退。日大三に来て最長となる3年のブランクになってしまった。

同じ失敗はもうしない。この反省から、いくら強打のチームでも「打って当たり前」という気持ちは捨て、もう一度、選手の気持ちになって、選手といっしょに戦うスタイルを心がけている。

小倉全由のセオリー 71

怒っても逃げ場をつくってやる

怒られることを極端に恐れる。それが、最近の高校生だ。

何かミスをしたり、うしろめたいことがある選手は、監督の視界に入らないようにしたり、姿を見て逃げたり、視線をそらしたりする。同じ屋根の下で生活している以上、小倉監督はそんなことは認めない。

「失敗して逃げるヤツにはいつも言うんです。何かやっちゃったら、『監督、すいません！』って言えば終わりだろって。それを監督に見つかっちゃったって謝らないで何日も置いといたら、何日も嫌な思いして逃げまくる。練習していてマシンのアームに当てちゃったとかありますよね。いざ使いたいときに壊れてたら練習できない。それは困るから、何か不具合が起きたり、何かあったらすぐ言えって。怒られるかもわかんないけど、男なんだから謝って終わったほうがいいだろ。オレは何日もお前を追っかけやしねえぞって」

それを説明するために、自らの失敗経験を話すこともある。

「謝ったらそれで終わる。自分の例も言うんですよ。学校で上の先生に謝らなきゃいけないことを言わないで、何日も『いつ謝りに行こうかな』と思ってるのは嫌。2、3日でも『言うか、言うまいか』と思ってるのはオレは耐えられない。だからオレはすぐ謝って、その場で解決してもらって終わるよと」

昔と違い、今の子は怒られることに慣れていない。だから小倉監督は、たとえこっぴどく怒ったとしても、引きずらない。逃げ場をつくってあげる。

「自分が教わった監督は、謝っても、謝っても、許してくれなかったんですよ。そうすると、選手は自分が悪かったと思っていても、最後は『ふざけんなよ』ってふてくされる。それで、どうしていいかわからなくなっちゃうんです」

練習でミスを連発してふてくされた態度をとった選手がいた場合、小倉監督は容赦なく怒る。

「叱るし、『てめぇなんか、いらねぇ』と言うけど、『監督さん、やらせてください』と返してきたら、『じゃあ、もう一回やってみろ』って言う。そういう逃げ場ですよね。『お前なんか帰れ』と言って選手が帰ろうとすると、『なんだてめぇ、帰るのか』と言う人がいるけど、何回も帰れと言われれば、ふてくされて帰るようになっちゃうわけですよ。それを『てめぇみたいなのはグラウンドに一歩も入るな』と言って顔色を見ながら、『だったら、やってみろ』というタイミングが大事。叱ってても、やらせてやる余裕をもつ。選手を見ながら叱れないとダメだと思う。ただてめぇが熱くなって、怒りっ放しにするのはダメ。選手の中に『監督は謝ればやらせてくれる』っていうのがないと」

ちなみに、家庭で何かあった場合、小倉監督はどうするのだろうか。

「相手が女房なら？　すぐ謝る。悪くなくても謝る（笑）。ウチはそうですよ。お父さんが謝れば終わるんだからと。娘までも『お父さん、早く謝っちゃえば』って。オレが悪くねぇのになんで謝るんだよって言うんですけど（笑）」

謝り方も怒り方も一流。それが、小倉監督なのだ。

小倉全由のセオリー **72**

ミスは大小関係なく平等に怒る

日大三の合宿所では携帯電話・スマートフォンの所持は禁止されている。これは、携帯電話が出だした頃から、今も変わらない。選手の親の中には「緊急のときはどうしたらいいのか」と言う人もいるが、小倉監督の考え方はこうだ。

「緊急といったって、連絡は取れますよね。確かに震災だとか、何かあったときはあったほうがいいとは思いますけど、合宿にだって電話はあるんだし、学校か合宿に連絡すればいるんですから。SNSもルールを守ればいいんだけど、それを教えるのも難しい。だから、ウチは必要ないんです」

最近はスマートフォンを手放せない子が増えているが、入学が決まった中学生に小倉監督はこんなことを言う。

「冗談で、『ケータイがないと手が震えちゃうようなヤツは今からやめとけよ』って（笑）」

ただ、禁止とはいってもルールを破る人間は必ず出てくる。あるとき、こんなことがあった。センバツ出場が決まったチームでメンバー発表後、メンバーに選ばれた選手のひとりが携帯電話を持ってきていた。それに対し、メンバーから外れた選手が異を唱えてきたのだ。

「なんでケータイ持ってきたヤツがベンチに入って、自分は入れないんですか。それはおかしいと思います」

メンバー変更はしないと伝えたが納得しない。そこで、小倉監督は選手全員を集めた。まずは、携帯電話を持ってきた選手をみんなの前で叱り飛ばした。

「センバツ行くっていう大事なときに、つまんねぇことで言われてんじゃねぇ。チームがごたごたするようなマネしやがって。このバカヤロー！」

その選手を怒るのはこれで終わり。そのあとに、選手たち全員にこう説明した。

「ケータイを持ってきたというのは、ルールを守んなかったってことだよな。ただ、ケータイを隠れて持ってることが大きな問題じゃないと思うぞ。オレはお前らに『授業中に寝るな』と言ってるけど、寝るヤツいるよな。これだって、オレとの約束を破ってる。同じことだよ。ケータイを持ってきたことだけが特別大きなことじゃない。約束を破るって意味ではみんな同じだよ。取り返しのつかないことをしたわけじゃないんだから許してやれ」

授業はみんな好きではないから寝ていても不満は少ないが、携帯電話は使いたいのに我慢しているという思いがあるから不満が大きくなる。だが、約束に感情は関係ない。ミスはミスだ。
「1億円盗もうが1万円盗もうが、盗めばいっしょ。悪いことは、同じこととして叱らなきゃいけないんです」

人間はどうしても被害の大きさに感情が左右されがちだ。だが、それでは小さなミスのとき「これぐらいはいいか」と見逃すことにつながる。小さなミスを見逃していると気づいたときには、取り返しのつかないことになっているのはよくあること。被害が小さいうちにいかに食い止められるかが、組織を運営するうえでは大事なことなのだ。

ミスの大小、金額の大小ではなく、ルールや約束を破ったかどうかについて怒る。小倉監督がこの姿勢を徹底することが、問題のない組織づくりにつながっている。

小倉全由のセオリー 73

選手にお願いし、約束する

小倉監督が選手たちに話をするとき、頻繁に使う言葉がある。

それは、「頼むな」「頼むぞ」の3文字。新型コロナウイルスの影響で選手たちを寮から自宅に帰すときも、5分足らずの話で8度も「頼むな」とお願いした。上から目線で「〜しろ」と言わないのが小倉監督だ。

こんな言い方が多くなったのは、1997年に日大三の監督に就任してからだ。赴任してすぐ、こんなことがあった。小倉監督自身、高校時代には嫌というほど上下関係を経験しているが、当時の日大三には上下関係という〝悪しき伝統〟が残っていた。

グラウンド整備をやるのは1年生だけ。それを見た小倉監督が3年生に「みんなでやったら早いんじゃないの?」と声をかけると、返ってきたのは「監督さん、これがウチの伝統です」という答え。

おまけに「これが当たり前。オレたちは間違ってない」という顔をしていた。その場では怒らなかったが、その夜、3年生を寮の自室に呼んでこうお願いした。

「オレが現役のときは、自分で用意したぞ。関東一高はみんなで用意するよ。準備、片づけは全員でやろう。3年生がしっかりやってくれよ。頼むな」

ところが、それから日のたっていないある日のこと。翌日の朝練習のため、夜の間に打撃ケージを準備することになっていた。小倉監督は用事があって外出していたが、帰って来てグラウンドを見ると、準備している選手の中に3年生の姿が見当たらない。1、2年生しかいなかった。

すぐに全員を集めた小倉監督は、当時2年生だった大内康至が「すごい迫力で動けなかった」と震え上がるほどの剣幕でキャプテンを怒鳴りつけた。

「てめぇ、約束しただろ。こっちが頭下げて頼んでるのに、お前らはやらないのか！　お前は他の3年に指示もできないキャプテンなのか！　お前らがそんな気持ちなら、オレは3年生とは野球をやりたくない。3年計画なんて考えてないし、今のメンバーで甲子園行こうと思ってたけど、お前らがそんな気なら、1年生と3年計画でやる。やめて出ていけ！」

別の日には、こんなこともあった。夜の11時頃、小倉監督が寮の洗濯場に行くと、1年生が洗濯をしている。洗濯しているユニフォームを見ると、3年生の名前が書かれていた。すべてを察した小倉監督は、翌朝の点呼の際にこう言った。

「誰だ？　1年に洗濯やらせたのは？　こいつらは『夜遅くまで何やってんだ』ってオレにぶっ飛ばされてる。それでも誰にやらされたって言わなかったんだぞ」

実際にはぶっ飛ばしていないし、誰がやらせたのかもわかっている。だが、あえてこういう言い方をすることで、3年生の罪悪感をかきたてるとともに、監督に告げ口したと思われることでの1年生への報復を防いだ。

「もう、こういうことはないようにしろよ」

問題が起きるたびに部屋に呼び、腹を割って話す。その場でお願いして、約束する。失敗すればまた教えて改善していく。こうやって徐々にいい雰囲気をつくっていった。

もちろん、夜中に洗濯場にいた1年生にもスイーツを食べさせながらお願いをしている。

「自分のことは自分でやれ。こういうのはなくしていこうな。上級生を見て、嫌だと思うことはなくしていこう。その代わり、お前らが我慢しないと、悪い伝統が残るぞ。嫌なことがあっても、男なんだから我慢しろ。オレは選手も監督も、選手同士も隠し事のない信頼できるチームにしたい。オレといっしょにいいチームをつくっていこう」

このとき1年生だったのが現在コーチを務める白窪秀史。グラウンド整備や洗濯だけでなく、食べ物や飲み物を買いに行かされたり、先輩に話しかけてはいけないといった意味不明のルールのために「野球に専念できませんでした。その日、その日が終わってくれればという感じだった」とふりかえる。

そして、彼らが最上級生になる頃には、いじめや〝悪しき伝統〟はなくなった。命令ではなく、お願い。強制ではなく、約束。上から目線ではなく、「いっしょにやっていこう」という同じ目線。この姿勢、スタイルは日大三に来て20年以上たった今も変わらない。だから、選手は小倉監督についてくるのだ。

小倉全由のセオリー 74

日本一幸せな環境で野球ができていることに感謝する

「自分はね、21世紀枠をバカにしていたんですよ。力がないのに出るなんてナンセンスだ。甲子園は力のあるチームが来るべきだって」

2001年のセンバツから創設された21世紀枠。都道府県大会のベスト16以上（加盟校が129校以上の都道府県はベスト32以上）に進出し、困難を克服、文武両道、地域への貢献など日常の野球への取り組みを評価された学校が選ばれる。現在は3つの枠が充てられているが、これにより、かつては2校だった東京の枠が1校になった。

「なんで東京の枠を減らさなきゃいけないんだって思ってました」

だが、2010年のセンバツで小倉監督はこの考えを改めることになる。1回戦は山形中央、2回戦は向陽と2戦続けて21世紀枠のチームと対戦したのだ。山形中央には14対4と大勝したものの、初回に2点を先制されるなど5回表までは4対4の接戦だった。向陽にはエース・藤田達也の投球にてこずり、3対1の辛勝だった。

「やってみたら、どっちもいいチームだったんです。大会後、高野連の人に『21世紀枠はいいチームを選びましたね』って言ったぐらい。向陽のピッチャーはスライダーがよくて点が取れなかったですし。考えてみれば、4000ある学校の中で自分みたいにいい環境でやらせてもらってる監督はいないんです」

日大三は学校の横に寮と専用グラウンド、室内練習場がある。ひと昔前のプロ野球の二軍よりも恵まれた施設だ。寮と室内練習場は扉ひとつでつながっており、いつでも自由に練習ができる。全国的な強豪となった今は、全国から入学を希望する中学生がやってくる。選手の能力は高い。

「大きく環境が違うのに同じ土俵で戦っているという考え自体が間違いなのに、自分たちは甲子園に出るんだって考えしかなかった。勝ったチームしか甲子園に来ちゃいけないんだっていうのがあったんです。（06年夏に）斎藤佑樹に負けてから、09年夏に出るまでは、勝ちたいばっかり。甲子園に出られないと思って焦ってた」

そんな思いに変わったのは、21世紀枠のチームと対戦したからだけではない。実はその年、日大三は秋の東京都大会ベスト4でセンバツに選ばれているのだ。東京から2校選出される際は決勝に進出した2チームが選ばれるのが慣例。ベスト4で選ばれることはほぼない。小倉監督自身、「選ばれないと思っていた」。出場が確実視されている場合、選考会当日の練習はマスコミ向けに試合用ユニフォームを着て行うが、その日は練習着で行っていたほどだ。東京を勝ち抜いて堂々と甲子園に来たわけではない。勝って出場権を獲得したのではなく、選ばれて出させてもらう気持ちがわかった。

「選手たちには、『オレたちはベスト4で来た。勝ち負けじゃねぇんだ。思い切ってやれ』って言ってましたね。ベスト4で選んでもらってラッキー。気負いも何もなかった。それが、準優勝につながったんです」

そのチームのエースは左腕の山﨑福也。山﨑は高校入学直前に脳腫瘍が見つかり、大手術を受けている。生死をさまよう状況から、奇跡的に野球ができるまでに回復した選手だった。

「山ちゃん（山﨑の愛称）に『お前ってホントにツイてる男だよな』って言ってたんです。『あんな腫瘍があったのに野球ができる。お前はホントに恵まれてる』って。でも、考えてみたら自分のほうが恵まれてるわけですよ。山ちゃんは死ぬか生きるかの手術をしてるのに、監督の自分はそんな思いは一回もしたことがない。死ぬか生きるか心配で、『オレってどうなるのかな』なんて思ったことないですよ。自分のほうがずーっと幸せなのに、『山ちゃん幸せだよ』なんて、本人の気持ちをわかってもいないのに言ってた自分がいたわけですよ。山ちゃんで準優勝したあのときに、自分が変わったかもわかんないですね」

恵まれた環境に慣れ、当たり前だと思っていたことが、実は当たり前ではないことに気づかされた。

それがこのとき。以降、小倉監督はあらゆることを〝認める〟ことができるようになったという。

「一度ダメだと思ったら二度と使わない。3年生でも平気で切る帝京の前田（三夫監督）さんのやり方は、非情であんなのは高校野球じゃないと言ってたけど、あの非情さが前田さんのやり方だし強さなんだと認められるようになりました。他の指導者のことでも、『あのおっつぁん、人としては絶対許せねえけど、野球を観る目はすごいな』とか。野球の見方とか、人の見方とか、否定することはなくなりましたね」

それと同時に、以前の自分を客観的に見られるようにもなった。

「ウチみたいに環境がいい学校でやっていて、公立で選手が集まらないとか環境が何も整ってないチームに対して、『お前ら勝てねぇのか』って言ってる自体が情けない。そういう想いにさせてもらいました」

自分が幸せな立場にいることを実感すればするほど、家族への感謝の気持ちも大きくなる。

「監督には、夫婦関係がうまくいかなくて離婚した人もいるじゃないですか。自分はそんなことはない。養子で女房は親といっしょだったから家のことは心配せずに任せておけばいい。親の介護のある年齢だけど、自分と女房の両親は亡くなってる。女房はもっと面倒見たかったと言うんだけど、施設に入っていて介護をしながらだったら、自分もここまでグラウンドでバカになって野球ができてないと思うんですよ。野球をやりたくても、そっちに気を遣わなきゃいけないとなったら100パーセントは野球に打ち込めないですから。一歩家を出たら、家のことは心配ない。頭は空っぽでいられる。そういう面で、全国で一番監督をやりやすい人間なんじゃないかと思います」

ちなみに、普段単身赴任で家にいないため、さぞ家族サービスをしているのかと思いきや、そうでもないらしい。

「女房にサービス？　なんにもない（笑）」

ただ、敏子夫人が三木有造部長にこんなことを言うのを聞いたことがある。

「ウチのお父さんのいいところは、ちっちゃいことでもなんでもありがとうと言うこと。コーヒーを入れてもありがとうって。ありがとうと言える亭主になんなきゃダメよ」

小さなことに感謝できる。お礼が言える。小倉監督自身、もともと心がけていたことだったが、10年以降はさらにその想いが強くなった。

ありがとうの反対は当たり前。逆にいえば、当たり前のことに感謝できるから、恵まれた環境があるのだとも言える。ありがとうの積み重ねが、周りの支えを生み、現在の小倉監督をつくっている。

小倉全由のセオリー **75**

心のつながりで戦う

納得がいかなかった。

居ても立ってもいられず、校長室に乗り込んだ。

「なんでクビなんですか！　なんでやめなきゃいけないんですか！」

１９８９年の冬。関東一の監督を退かなければいけなくなったとき、校長に直接抗議したのは小倉監督、ではない。85年夏に甲子園初出場を果たしたときのキャプテン・寺島一男や一学年下の西村忠之たちだった。

「みんなは関東一高の初出場のチームなんだから、力を貸してくれ」という校長に対し、寺島はこう返した。

「こんな学校、関係ありませんよ！　自分ら小倉監督なんですから！」
20歳を過ぎたばかりの若者が、監督のためにここまでする。こんな話は聞いたことがない。

85年の秋、東京大会決勝で帝京に負けた日のこと。当時は決勝進出でセンバツが確定だったため、学校で祝勝会を兼ねた食事をすることになっていた。ところが、いざ始めようとするとキャプテンの田村直樹の姿が見当たらない。探してみると、駐車場で会が終わるのを待っていた敏子夫人のところに行っていた。

「奥さん、優勝できなくてすみません」

その日の田村は不振のためスタメンを外されていた。9回二死から代打で出たものの、あえなく3球三振。心の中にモヤモヤしたものがあったはずだが、そんなことは関係なかった。

「できたヤツですよね。ありえないじゃないですか。自分だったら、『ちくしょー。オレ使わないでなんだよ』ってなってます」

その田村は、センバツ出場が決まったときもインタビューを求める報道陣を待たせて職員室に行き、「奥さんも子どももいるのに、監督さんを寝泊まりさせちゃって本当にすみません。でも、これで甲子園に連れていけます」と敏子夫人に電話をかけている。

「監督は有頂天で『はい、はい』って取材受けてるのにね（笑）」

17歳の高校生が、取材よりも監督の奥さんへ感謝を直接伝えることを優先する。こんな話は聞いたことがない。

97年から20年以上、コーチ、部長として小倉監督をサポートしているのが三木有造だ。日大三のOBだが、小倉監督との接点はない。東洋大を卒業後、「手伝わせてください」と母校にやってきた三木に対し、「手伝ってくれたら助かるよ」と小倉監督が言ったのが始まり。選手の指導だけではなく、中学生のスカウト活動を全面的に任されるなど、今や小倉監督の右腕となっている。

驚くのが、小倉監督との距離感だ。酔っぱらうと、監督の名前を「まさよし～」と平気で呼び捨てにする。日常生活でも、部下が上司に話すのとは違い、ざっくばらんに会話をする。

「『小倉、あんなことやらしちゃダメだぞ』って人もいるけど、三木の性格は知ってるし、自分は別になんとも思わない。他の学校のコーチの中には、『監督と2人で飲みに行ったことはないし、くだけた話をしたこともない。三木さんが監督にあれだけ甘えられるのは幸せですね』と言う人もいるけど、それもおかしいことでしょう」

小倉監督がそう言うのは、三木部長のことを信頼しているからこそ。立場や権力に差がありすぎ、監督と部長・コーチの関係が悪くなりがちな高校野球界で、20年以上たってもいい関係で居続けている。こんな話は聞いたことがない。

2010年の冬。2週間に及ぶ合宿の最終日。秋の明治神宮大会で優勝し、翌春のセンバツの優勝候補に挙げられていた日大三のグラウンドには、大勢のギャラリーが集まっていた。チームへの注目が大きかったことに加え、メディア等で冬合宿が取り上げられることが多くなり、年々見に来る人が増えていたためだ。それを見たOBの中には、小倉監督に「この合宿も見せる野球になってるな」と言う人がいた。その発言を気にした小倉監督がキャプテンの畔上翔に話すと、畔上は力強くこう言った。

「監督さん、やったもんじゃないとわかんないですよ」

「そう言われて、『そうだよな。オレがそんなの気にすることないよな。やってもいない、わかんないヤツが言うことなんて、聞き流せばいいんだよな』って。自分は畔上に教わりましたね」

甲子園で優勝もしている監督が高校生の言葉に励まされる。こんな話は聞いたことがない。

これらのエピソードはすべて、小倉監督だから生まれた話だ。年齢とともに、選手との関係は〝兄貴〟から〝親父〟に変わったが、文字通り裸のつきあいをすること、裏表なく100パーセント本気でつきあうことは変わらない。2年半、ともに寮で過ごし、グラウンドで汗と涙を流すうちに、自然と本物の家族以上の関係になる。気づいたら、〝小倉組〟〝小倉ファミリー〟が出来上がっている。頼れる父親のことはみんな自慢したい。だから、卒業生がグラウンドに帰ってくる。帝京などのライバル校や、金足農など甲子園で対戦した相手チームの選手を連れて。

選手はもちろん、小倉監督の周りに集まる人はみんなこう言う。

「小倉監督が日本一の監督だというのを見せたい」

「小倉監督を男にするんだ」

この気持ちが、見えない力を生み出している。

「小倉野球とは?」と尋ねると、小倉監督は間髪入れずにこう答えた。

「絶対、人間味ですね」

そして、こう続けた。

「機械じゃない、人がやるんだから。人には、心がなかったら絶対ダメなんです」

小倉監督は選手に期待をかける。

「あんなに努力してきたあいつだから」

「あんなに他人のことを思えるあいつだから」

そう言って、バントさせないことも、交代させないこともある。

「自分は結構あるんですよ。絶対に点を取んなきゃいけないときに『こいつだったら打ってくれるだろう。やってくれるだろう』って。〝だろうの野球〟になっちゃう。そこが自分の弱いとこですね。でも、その『やってくれるだろう』で、やってくれるときもあるんだけど（笑）」

そう言って本人は笑うが、小倉監督に非情なところがあったら、もっと甲子園に出ているだろう。もっと甲子園で優勝しているだろう。でも、それでいいのだ。情のない小倉監督なんて、小倉監督じゃない。日本一、人がいい監督。それが小倉監督なのだから。

非情になれないことで失った勝利があれば、非情になれないことで得た勝利はその何倍もある。その勝利とは、選手からの信頼と人間関係。教え子との絆は、甲子園で勝つこととは比較できないほどの価値がある。

「監督と選手たちの気持ちがひとつにならなかったら、心が結ばれなかったら、絶対、野球になんない。そんな想いですね」

勝つことがすべてという勝利至上主義の強豪校が増えている甲子園にあって、日大三は特異な存在といえる。技術よりも、心のつながりで戦う野球。家族のような愛に包まれた野球。人間味あふれる絆の野球。それが、小倉野球なのだ。

小倉全由　甲子園監督成績

関東一

1985年（昭和60年）夏	1回戦	○	12対1	花園（京都）	
	2回戦	○	4対3	国学院栃木（栃木）	
	3回戦	○	4対0	日立一（茨城）	
	準々決勝	●	7対8	東海大甲府（山梨）	
1986年（昭和61年）春	1回戦	●	3対5	天理（奈良）	
1987年（昭和62年）春	1回戦	○	3対1	明徳義塾（高知）	
	2回戦	○	5対0	市岡（大阪）	
	準々決勝	○	3対2	八戸工大一（青森）	延長13回
	準決勝	○	7対4	池田（徳島）	
	決勝	●	1対7	PL学園（大阪）	準優勝
1994年（平成6年）夏	1回戦	●	0対2	長崎北陽台（長崎）	

日大三

1999年（平成11年）春	1回戦	○	5対2	福井商（福井）	
	2回戦	●	0対3	水戸商（茨城）	
1999年（平成11年）夏	1回戦	●	0対5	長崎日大（長崎）	
2001年（平成13年）春	2回戦	○	8対5	姫路工（兵庫）	
	3回戦	●	3対8	東福岡（福岡）	
2001年（平成13年）夏	1回戦	○	11対7	樟南（鹿児島）	
	2回戦	○	11対4	花咲徳栄（埼玉）	
	3回戦	○	7対1	日本航空（山梨）	
	準々決勝	○	9対2	明豊（大分）	
	準決勝	○	7対6	横浜（神奈川）	
	決勝	○	5対2	近江（滋賀）	優勝　甲子園歴代最高記録（当時）のチーム打率.427を記録
2002年（平成14年）春	1回戦	●	2対3	報徳学園（兵庫）	
2003年（平成15年）夏	1回戦	●	1対8	平安（京都）	
2004年（平成16年）夏	2回戦	○	8対5	PL学園（大阪）	
	3回戦	●	6対7	駒大苫小牧（北海道）	
2005年（平成17年）夏	2回戦	○	6対2	高知（高知）	
	3回戦	○	9対6	前橋商（群馬）	
	準々決勝	●	3対5	宇部商（山口）	
2009年（平成21年）夏	1回戦	○	2対0	徳島北（徳島）	
	2回戦	●	2対3	東北（宮城）	
2010年（平成22年）春	1回戦	○	14対4	山形中央（山形）	
	2回戦	○	3対1	向陽（和歌山）	
	準々決勝	○	10対0	敦賀気比（福井）	
	準決勝	○	14対9	広陵（広島）	
	決勝	●	5対10	興南（沖縄）	延長12回　準優勝

2011年(平成23年)春	1回戦	○	6対5	明徳義塾(高知)	
	2回戦	○	3対1	静清(静岡)	
	準々決勝	○	13対2	加古川北(兵庫)	
	準決勝	●	2対9	九州国際大付(福岡)	
2011年(平成23年)夏	1回戦	○	14対3	日本文理(新潟)	
	2回戦	○	11対8	開星(島根)	
	3回戦	○	6対4	智弁和歌山(和歌山)	
	準々決勝	○	5対0	習志野(千葉)	
	準決勝	○	14対4	関西(岡山)	
	決勝	○	11対0	光星学院(青森)	優勝
2012年(平成24年)夏	1回戦	●	1対2	聖光学院(福島)	
2013年(平成25年)夏	2回戦	●	1対7	日大山形(山形)	
2017年(平成29年)春	1回戦	●	5対12	履正社(大阪)	
2018年(平成30年)春	1回戦	○	5対0	由利工(秋田)	
	2回戦	●	0対8	三重(三重)	
2018年(平成30年)夏	1回戦	○	16対3	折尾愛真(北福岡)	
	2回戦	○	8対4	奈良大付(奈良)	
	3回戦	○	4対3	龍谷大平安(京都)	
	準々決勝	○	3対2	下関国際(山口)	
	準決勝	●	1対2	金足農(秋田)	

小倉全由　おぐら・まさよし

1957年4月10日、千葉県生まれ。
日大三高での現役時代は背番号13のサードコーチャー。
日大へ進学するが野球部には所属せず、
高校野球の指導者を志して母校・日大三高でコーチを務める。
日大卒業後の81年、関東一高野球部監督に就任。
85年夏、甲子園に初出場しベスト8。87年春、準優勝。
89年成績不振を理由に監督を辞任するが、92年12月に復帰。
97年、母校・日大三高に社会科教諭として赴任し、硬式野球部監督に就任。
2001年夏、強力打線を率いて同校初となる夏の全国制覇を達成。
甲子園歴代最高(当時)のチーム打率.427を記録。
10年春、準優勝。11年夏には2度目の全国制覇。
甲子園へは関東一高、日大三高で春夏通算21度出場。

田尻賢誉　たじり・まさたか

スポーツジャーナリスト。1975年12月31日、神戸市生まれ。学習院大卒業後、ラジオ局勤務を経てスポーツジャーナリストに。高校野球の徹底した現場取材に定評がある。『智弁和歌山・髙嶋仁のセオリー』、『高校野球監督の名言』シリーズ（小社刊）ほか著書多数。講演活動も行っている。「甲子園に近づくメルマガ」を好評配信中。無料版はQRコードを読み取って空メールで購読可能、有料版はQRコードを読み取って登録を。

タジケンの
無料メルマガは
こちらから

タジケンの
有料メルマガは
こちらから

日大三高《にちだいさんこう》・小倉全由《おぐらまさよし》のセオリー

心《こころ》のつながりで勝《か》つための法則《ほうそく》75

2020年6月15日　第1版第1刷発行

著　者　田尻賢誉《たじりまさたか》

発行者　池田哲雄

発行所　株式会社ベースボール・マガジン社

〒103-8482 東京都中央区日本橋浜町2-61-9 TIE浜町ビル

電話 03-5643-3930（販売部）

03-5643-3885（出版部）

振替 00180-6-46620

https://www.bbm-japan.com/

印刷・製本　広研印刷株式会社

Printed in Japan
ISBN978-4-583-11274-9 C0075